JN439063

나비,
나비 나비

나비, 나비 나비

1판 1쇄 발행 | 2019년 11월 1일

지은이 | **박영자**
발행인 | **이선우**
펴낸곳 | 도서출판 **선우미디어**
등록 | 1997. 8. 7 제305-2014-000020
02643 서울시 동대문구 장한로12길 40, 101동 203호
☎ 2272-3351, 3352 팩스: 2272-5540
sunwoome@hanmail.net

값 13,000원

※ 이 책은 충청북도 충북문화재단 문화예술육성지원사업의 일환으로 지원 받아 제작되었습니다.
※ 이 도서의 국립중앙도서관 출판예정도서목록(CIP)은 서지정보유통지원시스템 홈페이지 (http://seoji.nl.go.kr)와 국가자료공동목록시스템(http://www.nl.go.kr/kolisnet)에서 이용하실 수 있습니다. (CIP제어번호: CIP2019041145)

ISBN 978-89-5658-623-6 03810

나비, 나비 나비

박영자 수필집

선우미디어 sunwoomedia

▶ 책을 내면서

≪해자네 앞마당≫ 이후 쓴 글을 모아
네 번째 수필집을 엮으면서
어느 때보다 망설여지고 생각이 많았습니다.

청정수를 길어 올리겠다고
한 우물을 판 것이 어느새 30년.
이제, 서쪽하늘에 붉게 물든 노을을 바라보고 서있습니다.
머지않아 해는 서산을 넘을 터이고 어둠이 내리겠지요.

수필이라는 도반과 함께 세월을 엮으며
사물에 대하여, 사람에 대하여 관심을 기울이다 보면
결국 그것을 사랑하게 되고
심연의 물줄기를 길어 올릴 수 있는 마중물이 되었습니다.

재주 없음을 수없이 자책도 해보고
게으름을 피우기도 했지만
뒤돌아보면 수필과 함께한 세월이 행복한 시간이었습니다.

좋은 글을 쓰려면 좋은 삶을 살아야 한다는
푯대를 세우고 그것을 향하여 나아가고자 했지만
크게 이룬 것 없음이 부끄러울 뿐입니다

하지만 청정수가 못 된다 할지라도
삼복더위에 마시는 냉수 한 잔처럼
좋은 몫이 될 수만 있다면
더 바랄게 없지 싶습니다..

평을 쓰신 정목일 전 한국문인협회 부이사장님께 감사드리고,
네 번째 수필집까지 출간해 주신
선우미디어 이선우 사장님 고맙습니다.

제가 펜을 놓지 않도록 제 글에 관심 주시고
용기와 사랑을 주신 모든 분들께
머리 숙여 깊이 감사드립니다.

2019. 10. 20.

박 영 자

차례

책을 내면서 · 4

1. 톤레삽호수의 아이들

자유로운 영혼 · 11
기침소리 · 16
상실의 계절 · 21
세조길을 걸으며 · 26
마음의 화장(化粧) · 31
톤레삽 호수의 아이들 · 36
천손초 · 40
균형 잡기 · 44
비운의 여인 덕혜옹주 · 48

2. 찔레꽃머리

행복한 이불 · 55
버선발 · 59
까마귀 이야기 · 64
은발 늘어가니 · 69
찔레꽃머리 · 74
귀뚜라미 소리 · 78
시앗 · 83
웃고 있어도 눈물이 나네 · 88
진주를 품다 · 93

3. 축복일까 재앙일까

가슴 저린 후회 · 101
나비, 나비 나비 · 106
다듬잇돌 이야기 · 111
축복일까 재앙일까 · 116
진주반지 · 120
그 겨울의 피난길 · 125
언니야, 이제 고마 집에 가자 · 130
꿈엔들 잊힐리야 · 134
사과나무 가로수 길 · 139

4. 느티의 가을

꽃에 취하다 • 147
의자에 대한 단상 • 151
세살 꼬마 난민 아일란 • 156
어미 • 161
장미예찬 • 166
양반증서 • 170
느티의 가을 • 174
숨쉬기도 힘든 세상 • 179
로뎅양복점 • 183

5. 아름다운 마무리

악마의 속삭임 • 189
젓가락 • 194
단비를 기다리며 • 199
꽃샘추위 • 205
황새 아버지의 20년 • 209
갈대와 억새 • 213
아름다운 마무리 • 217
누름돌 • 221
내 삶에 지팡이가 되어준 문학 • 226

01

톤레삽호수의 아이들

7월의 이 왕성한 푸르름도
얼마 가지 않아 잎을 거두고 갈색으로 변한다는 것은
영원한 진리다.
해바라기가 태양처럼 저리도 열정을 불사르지만
저 꽃이 져야 씨앗을 맺는다.
어쩌면 상실은 완성을 위한 전주곡인지도 모른다.
하나씩 둘씩 잃어가다가 모두 잃어버리는 날
내 인생도 완성되려나.
7월도 또 강물처럼 흘러간다.

자유로운 영혼

'해파랑 길'이라는 낭만적이고 싱그러운 이름의 유혹에 먼 남쪽을 향하여 짐작만으로 나선 길이다. 한 번도 가보지 않은 길에 대한 설렘에 가슴은 기대와 호기심으로 둥둥 날아오르는 깃털처럼 가볍다.

일찍 나선 길이라 3월 하순인데도 새벽바람이 차고 밭이랑에는 서리꽃이 하얗다. 봄은 더딘 고양이걸음으로 살금살금 오고 있기에 들판에는 여기저기 연두색이 번져 나온다. 낯선 도시를 호기심으로 눈여겨보며 지나간다. 정겨운 농촌 풍경을 다감하게 바라보며 굽이굽이 돌아가는 길은 어디나 반만 년을 이어온 조상들의 노고가 서려있다. 나무 한 그루, 돌 한 개, 풀 한 포기도 유정해 보인다.

버스로 3시간여를 달려 울산의 아늑한 포구 방어진항에 닿았다. 높은음자리표 닮은 봄바람 한 자락이 휘리릭 머리칼을 날리더니 품속을 파고든다. 바닷가의 비릿한 냄새가 먼저 마중 나온다. 잔잔한 파도는 금빛으로 넘실대고 부서지는 햇살에 눈이 부시다. 바닷물이 금방 손에 잡힐 듯 가까워 풍덩 뛰어들 수 있을 것만 같이 만만하다.

친구와 둘이 해안가의 납작 엎드린 집들을 슬금슬금 훔쳐보며 골목길을 걷는다. 대문이 열려있는 집집마다 뜰에는 소박하나 화분 몇 개씩 놓이고, 주인의 마음이 곱게 피어나 나그네에게 웃음을 선사한다. 어촌 마을의 인심을 짐작하며 푸근한 정을 느낀다. 다들 바다로 나간 것일까. 사람은 보이지 않으나 따스한 온기가 전해온다.

골목길을 벗어나니 소소리바람이 집적거리며 옷자락을 잡아당긴다. 바람이 모여 사는 동네인가 텃세가 이만저만 아니다. 못다 핀 동백꽃이 빨간 입술로 봄노래를 쫑알거리고 밭둑에는 유채꽃이 샛노랗게 흔들린다. 여기는 봄이 이미 와 있다. 봄은 북쪽으로 살금살금 걸어가고 나는 남쪽으로 달려온 셈이 아닌가.

방어진항을 빠져나와 긴 다리로 이어진 슬도(瑟島)로 향했다. 슬도는 방어진항으로 들어오는 거센 파도를 막아주는 바위섬으로 갯바람과 파도가 바위에 부딪칠 때 거문고 소리가 난다 하여 '슬도'라 불린단다. 모양이 시루를 엎어 놓은 것 같아 시루섬, 자그마한 구멍으로 섬 전체가 뒤덮여 있다하여 곰보섬이라는 별명도 가졌다. 청어, 정어리, 고래 같은 수산자원을 바탕으로 크게 번성했으며, 한때 전국 어획고의 10%를 넘는 부항(富港)이었다고 하는데 지금은 한적한 어촌 마을일 뿐 그런 흔적은 눈에 띄지 않는다.

1950년대 말에 세워졌다는 무인등대가 슬도를 지키고 있다. 다양한 어종이 서식하고 있어 낚시꾼들의 발길이 끊이지 않는다더니 무념무상으로 바다만 응시하는 강태공들이 여기저기 눈에 띈다. 섬 같지 않은 섬을 한 바퀴 돌아 나와 울산 해파랑길 7코스를 걷는다. 이 길은 대왕암까지 이어지는 길이다. 옥빛 바다를 옆에 거느리고 걷는 편안한 길, 해와 바다가 눈맞춤하고 잔잔한 파도소리가 나직하게 속삭인다.

바람은 어느새 잔잔해졌고 길가에 나무들은 이 틈에 새 잎을 피운다. 풀잎을 건드리며 걷는 길, 햇살은 알맞게 데워진 손으로 내 등을 어루만진다.

그때, 저만치 바닷가에 신선한 그림 한 폭이 눈길을 잡아끈다. 한 남자가 바닷가 자갈밭에 길게 누웠다. 언뜻 보아도 그는 서양 사람이다. 머리는 갈색, 눈동자는 보이지 않지만 파란 바다 빛깔을 닮았으리라. 하얀 피부와 큰 키의 삼십 대로 보이는 그는 바닷가에 낭만의 방을 지었다.

바다 쪽으로는 네모에 가까운 큼지막한 돌들을 모아 낮으나 벽을 둘러쳤다. 저 돌들을 찾아 나르느라 땀깨나 흘렸지 싶다. 바닥에는 하얀 모포를 깔아 눈이 부시고 머리맡에는 빨간 접이의자가 하나 놓여있다. 그 옆에는 파란 남빛의 배낭이 바다를 바라보고 앉아있다. 의자의 빨간색과 남빛 배낭, 하얀 모포의 색깔이 보색을 이루어 아주 잘 어울리는 멋진 방을 지은 것이다.

반바지 차림 건장한 청년의 다리는 햇볕을 받아 구릿빛으로 육감적인 건강미를 발산한다. 햇빛 세례를 받으며 하늘을 정면으로 바라보고 누운 그는 지금 무슨 생각을 하고 있는 걸까. 누구를 생각하고 있는 걸까. 한없이 자유로워 보인다. 누구에게도 방해받지 않는 그만의 자유의 방, 어디서 왔든 그는 부푼 가슴으로 저 바다를 건너서 바람 따라 왔을 것이기에 누구보다도 여유로워 보인다.

그가 부럽다. 어느 젊은이인들 아니, 어떤 사람인들, 저런 자유를 꿈꾸지 않았겠는가. 그것을 누리고 있는 저 사람의 용기가 무척 부럽다. 남자의 특권일까. 자유로운 영혼은 모든 것 내려놓고 누구의 간섭도 받지 않고 바람처럼 나그네 되어 그것을 즐기고 있다. 우리는 그의 행복한 시간을 방해하지나 않을까 조심하며 발소리도 죽여 그를 훔쳐보며 걷는다. 우리의 존재 같은 건 의식하지도 않는다는 듯 태양을 향한 그의 자세는 흐트러짐이 없다. 태양의 눈빛에 도전이라도 하는 걸까.

그는 이내 방에서 일어나 빨간 의자에 앉는다. 갈색머리가 바람에 날린다. 바다를 향해 작은 돌을 휙 날린다. 욕망을 툭 툭 던져버린다. 그는 가슴속에 웅어리졌던 욕망의 실체를 보았을 것이고,

그 욕망의 헛됨을 깨닫기라도 한 것일까. 그는 이제 바람처럼 가벼워져 진정한 나그네가 되기라도 했단 말인가.

이제 그는 벌떡 일어나 푸른 바다를 향해 돌팔매질에 여념이 없다. 그가 던지는 욕망의 덩어리들은 멀리 날아가 풍비박산 부서졌다가 파도에 쓸려 자취 없이 사라질 것이다. 그의 휘날리는 머리칼과 혼신을 다하여 던지는 돌팔매와 건강한 육신의 포즈가 멋진 실루엣으로, 신선한 충격으로 오래오래 내 가슴에 남을 것 같다.

나를 돌아본다. 윤리라는 굴레에서 한 번도 벗어날 수 없었다. 우리 세대는 그 굴레를 벗어나면 부도덕이라 했으며 그래서 나는 마음껏 날지 못했다. 가정에, 직장에 충실해야 하고 자식에게 모범을 보여야 한다는 것을 최상의 도덕률로, 손가락질 받지 않으며 살아야 한다는 것이 철칙이었다. 그 고루하고도 지루한 세월을 벗어나 보겠다고 글밭을 일구며 사는 것이 한 가닥 낙이 아니었던가.

이제 나도 저 사람처럼 내 생각대로, 내 의지대로, 하지만 결코 가볍거나 방종하지는 않는 자유로운 영혼으로 살아보아야 되지 않겠나. 하지만 그것이 어찌 쉽겠는가.

바다의 넓은 품이 나를 감싸 안는다. 가슴이 따뜻하게 더워져 온다. 햇살은 더욱 눈부시고 하늘은 더 푸르르다.

(2014.)

기침소리

며칠 비가 내리더니 장마가 끝나고 불볕더위가 한동안 이어질 것이라는 예보다. 장마치고는 싱겁게 끝났다. 불청객 태풍도 삼베 잠방이 뭐 빠져 나가듯 잘 비켜 갔으니 천만다행이다.

예보는 딱 들어맞아 오늘은 바람 한자락 불지 않는 찜통더위다. 삼복에는 염소 뿔도 녹아난다더니 더위를 별로 무서워하지 않는 나인데도 오늘은 참말 숨이 턱턱 막힌다. 공원에서 들려오는 매미 소리조차 짜증스럽다. 집에 에어컨도 없다. 에어컨과 잘 사귀지 못 했으니 차안에서도 웬만해서는 에어컨을 켜지 않는다.

음악회 초대권이 생겼다. 모(某) 신문사에서 주관하는 음악회니 들을만할 거라며 친구와 동행했다. 자리를 찾아 앉고 보니 VIP석이다. 오늘 같은 찜통더위에도 청주의 문화 수준을 말해주듯 청중이 예술의 전당 그 많은 좌석을 가득 채웠다.

성장을 한 여인들이 한 패 몰려 들어오기도 하고 부부로 보이는 사람들도 많다. 음악회의 예절이 그렇듯 정장차림을 하거나 드레스까지 등장한다. 내 옆자리의 여인은 향수 냄새까지 풍긴다.

천장에서 찬바람이 내 정수리를 정통으로 쏘아댄다. 시원함을 넘어서 이제는 춥다. 냉방 한번 원 없이 틀어댈 모양이다. 반소매 원피스를 입고 갔으니 겉옷 하나쯤 들고 올 걸 후회가 된다. 두 팔로 가슴을 싸안고 천정에서 쏘아대는 냉방기를 원망스러운 듯 올려다보지만 별 방법이 없다. 우리 앞줄에는 시장님을 비롯한 기관장들이 앉아 있다.

드디어 막이 열리고, 오케스트라 단원들이 저마다의 악기를 들고 앉아 있다. 이제 곧 첫 번째 곡 멘델스존의 〈바이올린 협주곡〉이 연주될 것이다. 검은 연미복의 지휘자가 무대로 걸어 나오자 박수가 터져 나온다. 그런데 내 목구멍이 간질간질하다. 침을 꼴깍 삼켜 본다. 순간 불안한 생각이 번개처럼 스쳐가고 불길한 조짐이 머릿속을 꽉 채운다.

중요한 회의 중에 갑자기 기침이 나서 애를 먹던 기억이 섬광처럼 지나간다. 그 기억은 두억시니처럼 내 머릿속에 그대로 눌러앉아 있었단 말인가. 입안의 침을 한껏 모아 꿀꺽 삼켜 본다. 그러나 어쩌랴 지휘자의 지휘봉이 막 움직이는 순간 내 목구멍은 참질 못하고 '콜록콜록…'참았던 기침이 개구리 튀어 나오듯 툭 튀어 나오고 말았다. 참았던 기침은 연속해서 따발총처럼 단발적으로

콜록거렸고 손으로 입을 꼭 막은 채 진땀이 난다. 머리를 무릎 사이에 박고 기침소리를 감춰보려고 안간힘을 쓴다.

친구는 자기 핸드백을 뒤져 사탕 한 알을 까서 입에 넣어 주고 내 옆의 모르는 여자도 어쩔 줄을 모른다. 목구멍은 가랑잎처럼 바싹 마른 채 얼굴은 불을 담아 붓는다. 무대의 지휘자와 연주자들이 얼마나 화가 났을까. 이런 낭패가 어디 있는가. 모든 관객들의 시선이 일제히 내게로 꽂히고 있다는 것을 생각하니 쥐구멍에라도 들어가고 싶은 심정이다. 밖으로 나갈 수도 없다. 가운데 줄에서도 한 가운데 자리이니 어떻게 나간단 말인가. 조금 가라앉는 듯하던 기침은 또다시 시작된다.

그때 우리 줄 왼쪽 맨 끝자리에서 물병 하나가 물수제비뜨듯 빠른 속도로 사람들의 손과 손을 거쳐 릴레이 하듯 내게로 전달되어 온다. 옆자리의 여인이 물병 뚜껑을 열어 내 입에 대준다. 우선 마시고 볼 일이다. 바싹 마른 내 목구멍에 단비가 내린 것이다. 아니 구원의 생명수다.

살 것 같았다. 구세주가 누구일까. 다들 무대에 눈은 가 있지만 내게 신경들을 쓰고 있는 눈치다. 가까스로 기침은 멎었지만 음악회는 건성이었다. 정말 미안했다. 모든 일이 의도한 것은 아니었지만 폐를 끼친 것은 사실이니 민망해서 이를 어쩐단 말인가. 멀찍이 보이는 구세주는 무심한 듯 무대에 시선을 꽂고 있다. 세상에서 숨길 수 없는 것이 기침과 가난과 사랑이라더니 오늘 나는 그것을 절감했다.

1920년대에 베를린 필하모닉 오케스트라의 상임지휘자로 취임한 푸르트벵글러(Wilhelm Furtwngler)가 "저는 악장과 악장 사이의 휴지부도 음악의 연장이라고 생각하니 저의 음악회에서는 악장과 악장 사이에 박수를 치지 말고 모든 악장의 연주가 끝난 후에 박수를 쳐주십시오."라고 청중들에게 부탁했다. 이것이 유럽에서 유행처럼 번지기 시작해 2차 세계대전 이후 전 세계 공연장에서 악장과 악장 사이에 박수를 치지 않는 것이 새로운 예절이 되었다고 한다. 그런데 이 예절 때문에 공연장마다 새로운 문제가 생겨나기 시작했는데 그것은 바로 기침소리였다는 것이다.

특히 유명 연주자가 참여하는 연주회일수록 이 기침소리는 더욱 심해지는데 이를 보고 어떤 의사는 '청중들의 집단 히스테리'라고 진단하기도 했단다. 공연장에 운집한 관중들이 긴장한 상태로 공연에 집중하다 보면 침이 마르고 그로 인해 목이 칼칼해지는데, 중간 악장의 연주가 끝난 후, 한 사람이 기침을 시작하면 너도나도 기침을 한다는 것이다. 그러지 않으면 공연 중에 기침을 하게 될 것 같은 심리적 불안감 때문이라고 한다,

유명 연주자들의 공연 중에 기침으로 일어난 해프닝이 우리뿐 아니라 세계 유명 공연장에서도 연이어 일어나고 있다니 조금은 위로가 된다. 몇 년 전에 정경화 씨가 런던 공연장에서 연주를 시작하려는데 계속해서 기침을 하는 아이를 보고 "저 아이는 좀

더 큰 후에 공연장을 찾았으면 좋겠다."고 한 것이 화근이 되어 현지 언론의 뭇매를 맞았단다. 물론 정경화 씨를 옹호하는 사람들도 많았다. 어느 공연장에서는 청중들의 기침을 막기 위하여 사탕을 준비해주기도 했는데, 문제는 사탕 포장을 까는 소리와 입속에서 사탕을 굴리는 소리가 기침소리 못지않게 공연을 방해하니 별로 실효를 거두지는 못했다는 이야기다.

이 일로 기침은 나에게 트라우마가 되어 조용해야 할 미사 시간이나 강의 도중에 나를 초긴장하게 만든다. 기관지가 튼튼하지는 못하지만 특별히 병이 있는 것도 아닌데 말이다.

아, 이제 음악회 가기가 겁난다.

(2015.)

상실의 계절

초록을 넉넉히 풀어 붓질하던 5월은 싱그럽고 찬란하며 향기로워 사랑스러운 달이었다. 아낌없이 축복을 쏟아내던 5월의 끝자락에서 나는 이별의 말 한 마디 해볼 새도 없이 졸지에 남편을 놓치고 말았다. 그 날부터 세상은 온통 우울한 회색빛으로만 보였다.

그 어두운 구름을 걷어내려고 허우적대다가 겨우 정신을 가다듬는 나에게 5월은 또다시 마구잡이로 몽둥이를 휘두르며 잔혹하게 굴었다. 내 피붙이 중에도 가장 살가웠던 그애, 사랑하는 내 여동생이 떠난 지 이제 두 달이다. 지상에서 영원한 이별만큼 슬픈 것이 또 있을까. 아직 내 가슴에는 비가 내린다. 피울음 같은 비가 내린다.

암 투병 8년, 참말 질기도록 모질게 버틴 세월이었다. 암 3기라는 그 말을 못해서 우리는 2기라고 그애를 속였다. 반복되는 항암 치료에 윤기 흐르던 머리카락은 우수수 무너져 내렸고, 발톱이 다 녹아나서 쌀알만큼만 남았어도 우리는 서로의 마음을 다칠까 두려워 한 번도 죽음을 말하지 못하고 가슴속에 무거운 돌덩이를 매달고 살았다. 아니, 죽지는 않을 거라고 굳게 믿다가도 어느 날은 구렁텅이에서 허우적거리는 잔인한 시간들이었다.

청주에서 수원까지 입 퇴원을 거듭하며 길에서 살다시피 하면서도 희망의 끈을 놓지 않는 것만 고마웠다. 어떻게든 살려야 한다는 일념으로 기도는 깊어졌고 "너는 꼭 나을 거야."라는 희망의 말 외에 아무것도 도울 길이 없었다.

우리의 기도가 물거품이 되던 그 밤, 살고 싶어 감지 못하던 그 애처로운 눈빛을 차마 바라볼 수 없어 외면하고 피울음을 울어야 했다. 그 기억은 더 새록새록 살아나 생살을 도려내듯 쓰리고 아프다. 예순다섯의 나이가 아깝고, 그애와 쌓아온 살뜰한 정이 불쑥불쑥 머리를 들고 올라오는 불면의 밤이 계속되었다.

'그애는 좋은 데 갔어. 하느님 곁으로 갔어. 이제는 아프지 않고 살 거야.'를 주문처럼 외워도 찰거머리처럼 달라붙는 이 집착이 언제쯤 나를 놓아 줄 것인가 막막하다.

서울 친구가 많이 아프다는 소식이 왔다. 몇 번을 망설이다 통화가 되었다. "네, 전화 바꿔 드릴 게요."라는 말 뒤에 귀에 익은 친구의 목소리는 상 노인네의 다 죽어가는 소리다. 두 마디가 채

이어지지도 않아서 간병인이 낚아채듯 바꾸어서 하는 말의 요지는 당뇨 합병증으로 뇌출혈 후 치매가 왔고 설상가상으로 넘어져 고관절을 수술하고 입원실에 있는데 의사소통이 어렵다는 것이다.

몇 달 전에 남편을 잃고 방황하는 친구에게 먼저 겪은 사람의 도리로 '시간이 약'이라고 위로한 게 엊그제 같은데 이렇게 금세 무너져 내릴 수가 있는가. 친구와의 대화가 불가능한 상황임은 이해가 가지만 왜 엉뚱하게도 지극히 사무적인 간병인의 처사가 야속하고 섭섭하기만 할까. 이 상황을 어찌해야 옳을지 한숨만 나온다. 또 하나 친구를 잃을 것 같은 상실감에 일이 손에 잡히지 않는다.

남편은 고향 친구와 이메일로 좋은 정보를 열심히 주고받았다. 남편이 가고 난 후에 그 메일이 내게로 들어왔다. 가끔 안부를 묻기도 하며 나를 걱정해주니 고마웠다. 어느 날부터인지 메일이 뚝 끊어졌다. 메일만 받고 답이 없는 내가 섭섭했겠다 싶어 미안한 생각이 들었지만 어쩔 수 없었다. 어느 날 아침에 그분에게서 전화가 왔다.

"사모님, 저 한글을 다 잊어 버렸어요. 읽을 수도 쓸 수도 없네요…."

한글을 잊어버리다니, 말도 안 되는 소리였다. 뒤통수를 한 대 얻어맞은 듯 멍해진다. 그분은 시인(詩人)이기도 했다. 그분의 난

감해 하는 표정이 보이는 듯하다. 이런 황당한 일도 있는가. 나는 당황하여 "병원에 가보세요."라는 말만 되풀이했다. 하나씩 잃어가는 이 상실의 계절이 야금야금 다가온다는 게 두렵다.

차를 몰고 볼일을 보러가는 길, 저만치 한 노파가 허리를 45도쯤 꺾은 채 걸어가고 있다. 상체가 앞으로 쏠리니 곧 넘어질 듯 위태롭다. 내 차가 그를 지나칠 무렵 그는 무의식적인 듯 뒤를 돌아본다. "아, 이 선생님!'내 입에서 신음처럼 내뱉은 소리다. 차를 세우려고 멈칫거리다 생각하니 바로 그의 집 근처다. 나는 가슴이 메었지만 모르는 체 차를 몰수밖에 없었다. 서글픈 일이다. 그녀의 남편은 내 남편의 친한 친구였다. 그는 나와 같은 학교 동료이자 선배인 데다 모임도 같이 하는 절친한 사이다.

한 보름 전쯤 그 남편의 부음을 받고 누구보다 먼저 장례식장으로 달려갔을 때 그는 담담할 정도로 멀쩡했었다. 투병기간이 몇 달 되었으니 마음의 준비가 되었던가 보다고 짐작했다. 그런데 그 동안에 금세 저렇듯 무너진 모습이 될 수 있는가.

우리는 이제 하나씩 둘씩 잃어가는 상실의 계절에 서성이고 있음이 감지된다. 이 세상에 나올 때 빈손이었다. 부모님을 만나고, 형제 자매를 만나고, 친구와 이웃, 직장 동료를 만나면서 인연을 맺어 왔다. 하나라도 더 주워 모으려고, 하나라도 더 알겠다고 안간힘을 쓰며 살았다. 그러나 이제 두 손 가득 움켜쥐었던 금쪽같은 것들이 손가락 사이로 술술 빠져 나가는 것을 피부로 느낀다.

내가 세상 모서리로 한 발짝씩 물러나 뒷걸음질 치는 듯한 소외감을 지울 수가 없다. 아프다는 소식, 누구누구가 죽었다는 우울한 소식이 내 주변을 어슬렁거린다. 하지만 물이 아래로 흐르듯 탄생과 성장과 소멸이라는 순리를, 어쩔 도리가 없다.

'인생의 질곡이 불행만을 안겨주는 것은 아니다.'라는 말이라도 붙잡고 살다보면 희망의 빛도, 행복을 느끼는 순간도 오려나.

7월의 이 왕성한 푸르름도 얼마 가지 않아 잎을 거두고 갈색으로 변한다는 것은 영원한 진리다. 해바라기가 태양처럼 저리도 열정을 불사르지만 저 꽃이 져야 씨앗을 맺는다. 어쩌면 상실은 완성을 위한 전주곡인지도 모른다.

하나씩 둘씩 잃어가다가 모두 잃어버리는 날 내 인생도 완성되려나.

7월도 또 강물처럼 흘러간다.

(2016.)

세조길을 걸으며

가을의 한 복판, 단풍이 절정일 때를 기다려 글 쓰는 회원들과 속리산을 찾았다. 오늘은 지난 9월에 개통했다는 속리산 '세조길'을 걸으며 가을의 정취를 한껏 느껴보자는 것이 우리들의 바람이었다.

예상치 못하게 올가을 들어 가장 쌀쌀한 날씨였지만 가을 하늘은 끝 간 데 없이 높고 푸르러 우리들 마음은 단풍색깔 만큼이나 곱게 물들고, 높은 하늘처럼 한껏 부풀어 올랐다,

속리산은 열 번을 와도 백 번을 와도 좋은 산이다. 내 고장에 있어서가 아니라 정말 웅장한 산세가 천의 얼굴을 가졌으니 속리산만큼 볼거리 많은 산도 드물지 싶다. 속리(俗離), 속세를 떠난다는 뜻처럼 깊고도 깊다. 1,058m의 높은 비로봉을 비롯하여 봉우리 아홉이 뾰족하게 일어서 있기에 구봉산(九峯山)이라고도 불렸

다는 기록이 있다.

한 시간을 달려 산 초입으로 들어서면 언제나 먼저 객을 맞는 것은 '정이품송'이다. 상큼한 가을바람에 은은한 솔향이 묻어난다. 우뚝 솟은 정이품송의 범접할 수 없는 위용에 압도되는 듯 잡담조차도 허용하지 않을 만치 숙연해 진다. 800살의 노옹이 쇠 파이프 지지대로 떠받혀 있는 모습에 세월 앞에 장사 없다고 서글픔과 안쓰러움이 밀려온다.

조선 7대 왕이었던 세조는 재위 10년 음력 2월, 국태민안을 빌고, 요양을 위하여 속리산을 찾는다. 말티재를 넘어 속리산으로 가던 중 길목에 있는 소나무에 임금이 타는 가마인 연(輦)이 걸릴 것 같아 "연 걸린다."고 하자 신기하게도 늘어져 있던 가지가 스스로 올라갔다고 하니, 얼마나 영특한 나무인가. 돌아가는 길에는 갑자기 비가 내려 일행은 이 소나무 아래에서 비를 피할 수 있었다. 이 기특한 소나무에게 세조는 정이품의 품계(지금의 장관급)를 하사하였다고 하는 이야기는 모르는 이가 없을 터다. 합장하여 소나무의 건강을 기원한다.

거리의 은행나무 가로수는 어제 오늘 추위에 폭탄이라도 맞은 듯 잎을 다 떨어트리고 빈손으로 서 있다. 오리 숲의 단풍도 전만 못하다. 올봄의 가뭄과 여름의 지독한 더위 탓일까. 관광객들의 알록달록한 등산복 색깔이 단풍보다 더 곱다. 온통 색채의 풍년이다. 몇 백 년 묵은 송림을 비롯한 갖가지 나무들의 연륜을 짐작해

보며 걷다보니 법주사 일주문(一柱門)에 이른다. '호서제일가람(湖西第一伽藍)'이라는 현판에 쓰인 글씨가 법주사의 품격을 말해준다. 일주문을 지나 자연관찰로를 따라 걸으며 가을의 깊이를 실감한다.

법주사 바로 앞에서 곧바로 세조길로 접어들었다. '법주사'는 조선시대 '태조'와 '세조'의 보호 아래 성장한 대표적인 사찰이다. 이 '세조길'도 세조와 속리산의 인연으로 만들어진 길이다. 세조가 피부병으로 고생을 하던 때 치료를 위해 속리산에 와서 목욕을 하며 병을 고쳤다는 목욕소(沐浴沼)가 세심정으로 가는 길에 있다. 계유정란(癸酉靖難) 때 열두 살의 어린 조카 단종을 몰아내고 즉위한 세조에 대한 평은 좋을 리 없다. 그러나 그는 태종에 이어 조선의 정치, 군사 등을 정비하고 조선을 한 단계 발전시키는 데 이바지한 긍정적인 면도 있다.

세조는 즉위 내내 단종을 죽인 죄책감에 시달렸다고 한다. 특히 만년에는 단종의 어머니이자 자신의 형수인 현덕왕후의 혼백에 시달렸고, 자신에게 침을 뱉는 꿈을 꾸고 나서 피부병에 걸려 고생했다고 한다. 이 때문인지 세조는 불교에 큰 관심을 두었다. 궁안에 사찰을 두었고, 승려를 궁으로 불러들이기도 했다.

세조길은 경사가 완만한 편한 길이라서 어린아이도 노인도 걷기가 좋으니 부담이 없다. 사찰과 휴게소를 드나드는 차량과 마주치는 일이 없어 좋고, 길에는 데크나 '야자매트'라는 코코넛 섬유

질로 만든 매트가 깔려있어 푹신하고 안전하다. 얼마 걷지 않아 큰 호수가 나타나니 푸른 물빛에 산 그림자가 드리워 가을의 정취는 절정이다. 호반의 벤치에 앉아 잠시 호흡을 가다듬는다. 길옆으로 계곡물 소리가 도란도란 따라오고 상큼한 산 공기를 마시며 걷는 길은 상쾌하다. 주변 숲은 기암괴석 사이로 갖가지 색깔로 물든 단풍이 곱고 화려하다.

올라갈 때는 못 본 큰 바위 벽도 보고 눈썹 바위도 새롭게 보면서 고은 시인의 '올라갈 때 못 본 꽃 내려올 때 보았네.'라는 시가 절창이란 것을 새삼 느낀다. 산 중턱의 억새밭에서 우리는 깔깔거리며 사진 한 장으로 시간을 붙잡아 매놓고, 벚꽃 흐드러진 봄날 다시 이 길을 찾자고 약속한다. 세조길이 끝나는 곳에서 길은 또 이어져 있었지만 되돌아섰다. 길이 끝나는 곳에서 길은 시작된다고 했던가. 멀리 곱게 수놓았을 문장대의 가을을 마음으로 그려본다.

법주사 삼거리부터 세심정까지 2.35km를 왕복 2시간 걷고 나니 등에 땀이 촉촉하다. 피톤치드니 음이온이니 그런 건 잘 모르지만 오늘 우리는 속세에서 더럽힌 마음을 씻고 비싼 보약 한 제 먹은 셈이지 싶다.

세조는 어떤 마음으로 이 길을 걸었을까. 가마를 타고 신하들을 거느리고 갔을 테지만 어쩌면 세조의 죄값에 대한 참회의 길이었을지도 모르겠다. '지름길이 때로는 가장 먼 길이다.'라는 속담이 있듯이 세조도 쉽게 정권을 쟁취했지만 죄책감에 시달린 일생은 가장 멀고 먼 길이 아니었을까.

문득 오던 길을 되돌아본다. 누군들 살아오는 동안 고난의 길이 왜 없었으랴. 때로는 되돌아갈 수도, 주저앉을 수도 없던 진퇴양난의 길도 있었다. 종종걸음으로 가슴졸이며 걷던 길, 하지만 운명이려니 인내하였기에, 아니, 신의 가호가 있었기에 여기까지 왔듯이 나에게 주어진 길을 기쁘게 감내하며 가야 하리라.

해질녘 텅 빈 논밭도, 서걱거리는 억새의 은발도, 을씨년스럽다. 겨울의 발자국 소리가 저만치 들려온다.

(2016.)

마음의 화장(化粧)

카톡을 열었다가 깜짝 놀랐다. 후배가 보낸 글의 서두가 심상치 않았기 때문이다.

'제가 화장품 장사를 시작했어요. 형편이 좋지 않아서…. 그러니 꼭 한 세트만 사주세요. 부탁드려요~.'

'이게 무슨 소린가. 이 친구가 이렇게 궁색해졌단 말인가?' 놀란 토끼눈이 되어 그 다음을 읽어 내려갔다. 그제야 후배의 깊은 뜻을 알아채고 휴 한숨이 나왔다. 화장품 장사가 나쁜 게 아니지만 그 후배와 화장품 장사는 전혀 어울리지 않았기 때문이다. 그 다음 글은 나를 숙연하게 했다.

☆제품 사용 설명서☆

주름이 생긴 이마에는 '상냥함'이라는 크림을 사용해 보세요. 이 크림은 주름을 없애주고 기분까지 좋아지게 하니까요.

입술에는 '침묵'이라는 고운 빛의 립스틱을 발라 보세요. 이 립스틱은 험담하고 원망하는 입술을 예쁘게 바로 잡아주는 효과도 있답니다.

맑고 예쁜 눈을 가지려면 '정직과 선함'이라는 안약을 사용해 보세요. 최선의 효과를 얻으려면 어디를 가든지 그 안약을 소지해야 한답니다.

피부를 곱게 하고 싶으면 '미소'라는 로션을 바르면 피부가 촉촉하고 부드러워지며, 거울을 보고 미소 지으며 하루를 시작하면 날마다 행복할 수 있습니다.

가장 이상적인 피부 영양제 화장품은 '묵상'입니다. 아주 효능 좋은 피부 청결용 세안 비누는 '회개'가 최고라고 합니다. 아, 참~ 가장 향기로운 향수로는 '기도'가 제일이랍니다. 마음에 드시면 한 세트 꼭 구매해 주실 거죠? 품질은 보장합니다.

글을 끝까지 읽은 후에야 긴장했던 내 표정은 풀려 빙긋이 웃음이 나왔다. 누가 지은 것인지 많은 생각 뒤에 얻은 열매라는 생각이 든다.

마음은 정확히 어디에 있을까? 어떤 모양일까? 하트모양일까. 밀가루 반죽처럼 말랑말랑하지 않을까. 솜뭉치처럼 가벼울까. 마음을 하루에도 수십 번씩 들여다보지만 어디에 있는지 알 수도 볼 수도 없다. 하지만 어딘가 내 몸 안에 있는 것만은 분명하다.

'정신'과 비슷한 의미로 사용되는 개념이지만 정신이 두뇌활동이라면 마음은 가슴에 있다고 비유하며 감정과 동일시되는 느낌이다. 감정과 마찬가지이면서도 설명하기는 불가능에 가깝다. 말하지 않아도 상대의 마음을 알 수 있고, 눈치로 그 마음을 헤아릴 수 있으니 마음이란 눈에 보이지 않아도 볼 수 있는 신기루 같은 것인가. 참말 알 수가 없다.

주름에는 '상냥함'이라는 크림을 바르라고 했지. 주름을 없애겠다고 보톡스를 맞고 성형을 하는 여자들이 늘어나지만 그 결과는 어쩐지 어색하고 자연스럽지 않아 보였는데 상냥함이야말로 어떤 화장품보다 효과를 볼 것은 분명하다. 상냥한 사람 앞에서는 나도 모르게 마주보며 상냥한 미소를 지을 테니 어찌 아름답지 않겠는가.

입술에는 침묵을 바르란다. 침묵은 금이라고 했다.

'허영심은 사람을 수다스럽게 하고 자존심은 침묵하게 한다.'는 쇼펜하우어의 이 말을 다시 새겨 본다.

우리는 말의 홍수시대에 살고 있다. 그 홍수 속에는 좋은 말이 수도 없이 많건만, 거친 말, 상처 내는 말, 비웃는 말, 욕설 같은 강하고 상스러운 말이 늘어나고, 자극적인 말을 해야 속이 후련해 하는 언어폭력병이 우리를 포위하고 있는 현실이다. 그것은 불신의 늪으로, 단절의 수렁으로 빠지는 길이기에 우선 말을 줄여야 하고, 험담과 원망이 아닌 좋은 말만 골라 쓰기도 바쁠 것이다.

가루는 칠수록 고와지고 말은 할수록 거칠어진다고 하지 않던가.

'정직과 선함'은 인생의 기본이다. 인생이라는 집을 지을 때 맨 밑에 놓아야 할 주춧돌 같은 것이다. 정직하지 않은 사람은 기초 공사가 제대로 되지 않은 사람이니 그 집은 곧 무너지고 말 것이다. 정직과 선함은 자신을 떳떳하게, 누구와도 자신 있게 눈을 마주칠 수 있게 하는 조건이다. 그 눈은 분명히 맑고 빛난다.

'미소', 참 아름다운 말이다. 소리 내어 웃는 웃음보다 신중하고, 침묵보다 맑고 밝으며 신비하기까지 하다. '만일 이 세상이 눈물의 골짜기라면 미소는 거기에 뜨는 무지개'라는 유태 격언이 생각난다. 무지개 같은 미소는 정신의 음악이며 인생의 약이라고 했다.

'묵상'이야말로 나 자신과 만날 수 있는 시간이요, 기회이다. 우리는 열심히 살고 있지만 내가 나를 만나는 시간을 갖기는 쉽지 않다. 남을 자세히 보는 시간보다 나를 제대로 바라보는 시간에는 소홀하다. 묵상의 시간만이 내가 나를 보는 시간이다. 내가 나를 바로 볼 때 '회개'도 '기도'도 이루어질 수 있다. 교만 중에 가장 무서운 교만은 '기도하지 않는 교만'이라고 했다. 기도는 신 앞에 가장 낮은 자세로 엎드리는 것이니 교만의 어리석음을 일깨워 준다.

초록으로 물결치던 정열을 식히고 곱게 곱게 마지막 말을 쏟아 놓던 나무들도 모든 욕심과 번뇌를 벗어버리고 나목으로 서서 하늘 우러러 기도를 시작했다. 밖으로 분출하던 에너지를 안으로 안으로 모아들여 갈무리하는 계절이다.

외모를 잘 가꾸는 것도 중요하지만 마음을 가꾸고 다스리면 저절로 외모는 아름다워질 것이니 마음의 화장품 한 세트 사서 열심히 바르련다. 상냥함· 침묵· 미소· 묵상· 기도· 회개 하나하나 또박또박 다시 가슴에 새기며 되뇌어 본다.

곧 하얀 눈이 내려 마음 밭에 소복소복 쌓일 것만 같은 오후다.

(2016.)

톤레삽 호수의 아이들

호수는 생각보다 훨씬 크고 바다처럼 넓었다. 호수라는 말에 어울리지 않게 황토색 흙탕물이 출렁거린다. 동남아시아 최대의 담수호라니 그럴만 했다.

한겨울에 캄보디아로 떠난 것은 앙코르와트를 보기 위해서였다. 벼르고 별러도 연이 닿지 않더니, 모든 게 다 때가 있다고 후배와 의기투합하여 가까스로 떠날 수 있었다. 앙코르와트는 감동이었지만 덤으로 본 톤레삽 호수 주변의 수상가옥에 사는 사람들의 모습은 충격이었기에 기억속에 뿌리박혀 내 가슴에 파도를 일으킨다.

그날의 옵션은 '맹그로브 숲 체험'이었다. TV에서만 보았지 실물을 본 적 없는 맹그로브 나무가 무척 궁금했다. 호수에 도착한 것은 35도를 오르내리는 뜨거운 한낮이라 반소매를 입고도 더웠다. 버스에서 내려, 30여 명은 탈 수 있는 배에 오르니 선장은 순박하게 하얀 이를 드러내 웃으며 맞이한다.

자리에 앉자마자 쪼르르 한 아이가 달려와 내 등이며 어깨에 안마를 시작한다. 초등 1학년쯤 되었을까. 아이의 눈동자는 유난히 반짝였고 얼굴색은 황토색으로 흙탕물을 닮아 있었지만 생글거리는 모습이 귀엽다. 고 작은 손으로 그것도 건성으로 하는 안마이니 시원할리 없지만 아이의 손에 1달러를 쥐어주니 희색이 만면하다. 고런 조무래기 두 아이가 이리저리 바쁘게 돌아다니며 안마랍시고 하여 돈을 버는 모습이 측은해 보인다.

어느새 아이는 할 일을 다 했다는 듯 선장의 팔에 기대는가하면, 다리 밑으로 들어갔다가 원숭이 새끼처럼 어깨에 매달리기도 하는 등 위험하게 구는 데도 무심한 듯 받아주는 게 이상했는데 부자간이라니 사람 사는 곳의 자식 사랑은 다 똑같다.

모양이 호리병처럼 생겼다는 이 호수는 평소에는 수심이 1m 이내란다. 여름 우기에는 메콩 강으로 흘러들어가는 톤레삽 강이 역류하여 토지와 숲이 침수되면서 9m에 이르게 된다니 고무풍선처럼 늘어나는 셈이다. 이렇게 유동적이고 열악한 환경에서도 물고기를 잡고, 돼지, 닭, 악어 등을 키우며 부초처럼 살고 있는 이곳 사람들의 모습이 신기하기만 하다.

'깜퐁풀럭'이라는 수상가옥마을은 낡은 판자를 덧대어 지은 집들이 마치 피난민촌 같았고, 거기에 놓인 가재도구라야 초라하기 짝이 없다. 수상가옥들 가운데는 한국 교회에서 지어 운영하는 학교도 있어 한국말을 가르치고 교육한다니 이렇게 좋은 일 하는 사람들이 고맙고 존경스럽다.

수상가옥들을 뒤로하고 좀 더 들어가니 마침내 맹그로브 숲이 나타난다. 우리는 카누같이 생긴 쪽배로 갈아탔다. 한 배에 두 사람씩 타고 현지 뱃사공이 노를 저어 물속에 뿌리박고 사는 맹그로브의 밀림 사이를 누비며 나아갔다. 일엽편주라는 말이 떠오를 정도로 배는 작고 가볍고 열악했다. 맞은편에서 예닐곱 살쯤 되는 아이가 고무통을 배 삼아 타고 앉아 '원 달러 원 달러'를 외치며 간절한 표정을 하니 어찌 그냥 지나칠 수가 있는가. 논물에 떠서 사는 '개구리밥'이 떠오른다.

작년 어느 날, 한 아이가 고무통을 타고 나와 원 달러를 외치니 관광객들이 불쌍하다며 너도나도 돈을 주어 그것을 따라하게 되었고, 하얀 스티로폼 상자를 타고 나오는 아이도 여기저기 보인다. 아이들은 관광객을 상대로 돈을 벌기위해 학교에 잘 가지 않는다며 그애들의 장래를 위해서도 값싼 동정은 자제해 달라는 가이드의 말에 문득 6·25 때 '기브미 초코렛'을 외치며 미군차를 따라가던 우리들 모습과 다르지 않다는 생각에 가슴이 찡하다.

맹그로브 숲을 빠져나와 악어 사육장에 갔을 때, 어느 작은 배에 어린 아기는 땡볕을 고스란히 받으며 자고 있고, 어미와 딸은 두 손을 벌려 구걸을 하고, 예닐곱 살 아들은 웃통을 벗은 채 커다란 뱀을 목에 걸고 '원 달러'를 외쳐서 깜짝 놀랐다. 이 처절한 가난의 현실이 가슴 아파서 공연히 미안한 생각까지 든다.

선착장에도 기다렸다는 듯 조무래기들이 실로 짠 팔찌 다섯 개를 1달러에 사달라고 몰려든다. 참 싸기도 하지만 쓸 만한 물건은 못되는데 "나만 못 팔았어요."하며 맡기다시피 한다. 같이 간 후배가 지갑을 뒤지며 1달러짜리가 없다고 하자 "친구에게 꾸어서 사요."하며 한국말에 능숙하니 놀라지 않을 수 없다. 주변에서 노는 아이들도 '곰 세 마리'를 비롯하여 한국 노래를 잘도 부르며 고무줄놀이를 하고 있다. 이 아이들의 장래는 누가 책임져 줄 것이며, 어떻게 전개될 것인가 자못 궁금해진다.

어느새 톤레삽 호수에는 햇살이 기울어 황혼이 깃든다. 일몰이 아름답다더니 금빛으로 흐르는 도도한 물결 위로 관광객을 실은 배들이 미끄러지듯 지나가고 거기서 손을 흔드는 사람에 화답하여 우리도 힘껏 손을 흔든다.

톤레삽 호수의 아이들에게 신의 가호가 있기를 빌며 성호를 긋는다.

(2018.)

천손초

야리야리한 초록빛에 키가 2cm는 될까. 작은 식물 세 포기를 삼각구도로 심어 가지고온 ㅅ선생의 첫마디가 "이놈은 씨를 지울 수가 없어요. 어찌나 잘 퍼지는지 당할 수가 없네요. 다육이니 물을 많이 주지 마세요."화초를 기르는 사람이 씨를 지운다니 이해가 안 가서 의아하면서도 더 캐묻지 않았다.

잎 가장자리가 톱니처럼 들쭉날쭉한 게 우리 손녀딸 젖니가 날 때 이빨 끝이 뾰족뾰족 까칠까칠 하던 것과 꼭 닮았다. 이름도 성도 모르는 아이였다. 그 식물은 별 관심을 주지 않았는데도 하루가 다르게 쑥쑥 자라더니 금세 키가 20cm는 되어 화분을 가득 채웠다. 그런데 신기한 것은 마주난 잎 가장자리마다 레이스를 떠서 붙인 것 마냥 작은 개체들이 조롱조롱 붙어있다. 손을 대니 우르르 떨어져 화분 밑에, 마룻바닥에 흩어진다. 자세히 보니 떡잎처럼 난 작은 두 이파리 밑에 보일 듯 말 듯 실뿌리가 두세 가닥

씩 나 있다. 처음 보는 신기한 모습이다. 궁금증에 인터넷을 뒤져서 그 식물이 천손초라는 것을 알아냈다. 학명은 카랑코에 다이그레몬티아나(Kalanchoe daigremontiana)로 길기도 하다.

잎 가장자리에 조롱조롱 붙은 것이 '클론'이라고 하며 그것 하나하나가 다 포기가 된다니 참말 셀 수도 없이 많은 개체를 퍼트릴 수 있는 신기한 번식 방법이다. 이미 떨어진 개체들이 창틀 홈에서 물기도 없는데 줄지어 서서 하얗게 뿌리를 내리고 생명을 이어가고 있었다. 악착같이 살아남고자 하는 새끼들이 놀랍다. 그 뿐인가. 걸어갈 수도 날아갈 수도 없는 새끼들이 이 화분 저 화분에서 불쑥 고개를 내밀 적마다 깜짝깜짝 놀라 그것을 뽑아내기에 바빴다. 씨를 지울 수 없다고 하던 ㅅ선생의 말이 그제서야 이해가 되었다.

수년 동안 내 손에 뽑혀 나간 천손초들이 셀 수도 없으니 그는 잡초 취급을 받았다. 흔하다는 이유에다 그냥 두면 주인을 제치고 점령군처럼 온통 다 차지해 버릴 것이기 때문이다.

식물의 번식 방법이야 다양한데 종자식물은 꽃을 피워 씨앗을 만들어 종족을 번식시킨다는 것은 상식이다. 씨앗은 바람에 날려서, 동물이나 사람의 몸에 붙어 와서 멀리 퍼지기도 한다. 괭이밥이나 봉숭아 같은 것은 씨방이 여물면 껍질이 힘차게 터지면서 씨앗이 퍼진다. 양치식물이나 선태식물 같은 민꽃식물은 잎 뒤에 포자를 만들어 홀씨로 번식한다. 줄기로, 뿌리로 번식하는 방법도 있다. 꺾꽂이, 잎꽂이로 제 나름대로 종족 번식의 다양한 방법을 취하고 있으니 신비한 일이다.

화초 가꾸기를 좋아하다 보니 갖가지 식물들이 내 손을 거쳐 갔지만 천손초처럼 수많은 자손을 퍼트리는 식물은 처음이다. 화초 좋아하시는 어머니께 한 포기 심어다 드렸다. 보름에 한 번 물을 주어도, 한 달에 한 번 물을 주어도 절대 풀이 죽거나 보채지 않으니 거동이 불편한 어머니도 쉽게 기르실 수 있을 것 같았다. 주는 대로 먹고 그만큼의 크기로 자란다. 잔인할 정도로 물을 주지 않았더니 1년이 지나도 난장이처럼 키를 키우지 않으면서도 살아남는 그것이 대견하다기 보다는 섬뜩하기까지 하다.

어머니는 딸이 가져다 준 것이라고 1m가 넘도록 정성으로 키우셨는데 꽃까지 피웠다. 꽃도 신비스럽다. 화려하진 않지만 새침하고, 종처럼 생긴 작은 꽃들이 수없이 많이 모여 층층으로 핀 것이 왕관을 닮기도 했고 샹들리에 같기도 했다. 더 놀라운 것은 꽃송이마다 꽃받침 끝에 새끼들을(클론) 다 달고 있었다. 참말 그것의 다양한 종족번식에 입이 딱 벌어졌다. 잎 둘레에 달고 있는 수많은 새끼들도 모자라 꽃받침마다 하나씩 달고 있으니 어이가 없다. 떨어진 클론의 생명력은 어떤 식물도 따라갈 수 없이 강인하다. 좀 크면 고달픈 여인네의 기미처럼 잎 뒷면에 갈색의 얼룩무늬가 생긴다.

세상에서 아이를 가장 많이 낳은 여자는 소련의 슈아 지방에 살았던 피요드르 바실리에프 부인이었다. 이 부인은 스물일곱 번의 출산을 했고 69명의 아이를 낳았다. 쌍둥이를 16번, 세쌍둥이를 7번, 네쌍둥이를 4번 낳았다. 그러니까 한 명을 낳은 적은 한 번도 없다.

모로코의 마지막 황제 무레이 이스마일(1672~1727)은 아들 548명과 딸 340명을 낳아 무려 888명의 자식을 거느렸다고 한다. 물론 왕이 낳은 것이 아니라 여러 명의 왕비들이 낳은 것이지만 말이다.

동물 중에 가장 새끼를 많이 낳는 동물은 뒤쥐처럼 생긴 텐렉이라는 포유류라고 한다. 한 번에 15마리 이상을 낳으며 때에 따라 30마리 이상도 낳는데 텐렉의 젖꼭지는 무려 29개나 된단다. 내가 키우는 구피는 한 번에 쉰 세 마리의 새끼를 낳았다. 동물이든 식물이든 종족번식은 본능이다. 하지만 천손초보다 더 집요하고 강인한 것은 없지 싶다.

오늘 나는 내 눈길을 피해 베란다 한 구석 항아리 뒤에서 어느새 30cm 넘게 자라있는 천선초를 발견하고는 소스라치게 놀랐다. 화분 구석에 발만 붙였을 뿐 몸은 휘어져 마룻바닥에 내려놓은 채 숨듯이 서있는 어미에 대한 연민으로 가슴이 아렸다. 셀 수도 없이 돌려붙은 새끼들과 제 어미 발밑에 수북이 쌓여있는 새끼들을 먹여 살리겠다고 셀 수도 없이 하얀 뿌리를 내리고 있는 모습에서 내 어머니의 초상이 어른거려 죄책감에 견딜 수 없었다.

세상에서 모성처럼 강인한 것이 또 있을까. (2015.)

균형 잡기

조용한 음악이 흐른다. 여인의 손에 하얀 깃털 한 개가 들려있다. 그는 앉은 자세로 허리를 굽혀 발밑에 수북하게 널려있는 막대 중 하나를 집어 들더니 그 막대의 끝부분쯤에 흰 깃털을 가로 방향으로 살짝 얹는다. 그녀는 다시 발밑에서 또 하나의 막대들을 들어 올려 이번에는 깃털이 얹힌 막대의 가로 축으로 그 막대를 고인다. 금방 떨어질 것 같은 막대는 용케도 균형을 유지한 채 얹혀 있다. 또 다시 휘어진 막대 한 개를 들어 왼손에 잡힌 2개의 막대 밑에 고인다. 눈금이 그려져 있는 것도 아니요, 그저 무심한 듯 괴어 나가는 것이 신기할 뿐이다.

숨이 막힌다. 그 여인도 관객도 나도 숨이 멎은 듯 모두 그녀만을 응시한다. 이번에는 서로 걸쳐진 막대들이 떨어질까 여인은 왼발 발가락으로 막대를 집어 들어 그것을 오른손으로 받아 다시

한 개를 괴었다. 발밑에 쌓인 막대는 길이도 다르고 생김도 제각각이니 무게 또한 다를 것이다. 이제 5개의 막대가 위태롭게 서로를 걸치고 있는 것이다. 다시 여섯 개, 일곱 개….

결국 여인은 바닥에 있는 막대 10개를 모두 집어 괴어 놓았다. 아슬아슬하여 차마 바라보기도 힘이 들어 숨이 멎고 말 것만 같다. 금방이라도 와르르 무너져 내릴 것 같아 숨을 죽인다. 여인은 마침내 그것을 한꺼번에 모두 들어 올려 자신의 정수리 위에 얹었다. 관객들의 박수가 터져 나오고 휘파람을 날린다.

그것이 끝이 아니었다. 그녀는 그것을 두 팔로 들어 올리고 팔을 높이 뻗었지만 막대들이 살짝 움직였을 뿐 그대로 균형을 유지하고 있다. 드디어 마지막 남은 한 개의 긴 막대를 왼발로 지그시 밟아 세운 뒤 그 끝점에 모든 막대들을 그대로 얹었다. 마치 공룡의 뼈대들처럼 버티고 선 막대들이 금방이라도 무너져 내릴까봐 조마조마하다. 마침내 그녀는 빈손이 되어 살금살금 다섯 발짝을 걸어 나오더니 이제야 관객을 향해 만족한 웃음을 날린다. 박수갈채와 함성이 터져 나온다.

여인은 한참의 망설임 끝에 하얀 깃털을 살짝 들어낸다. 순간 모든 막대들은 와르르 무너져 바닥에 쏟아지고 만다. 파격이다. 저 가벼워 보이는 깃털 하나의 무게가 균형을 잡는데 일조했다는 결론이 아닌가. 약한 바람결에도 날아가 버릴 저 깃털의 헤아릴 길 없는 무게가 말이다.

외줄타기 기네스 기록 보유자인 미국의 닉 월렌다(33세)가 나이아가라폭포 위를 걷고 있다. 보기만 해도 온몸이 아찔하고 모골이 송연하다. 저 사람의 배짱은 얼마나 두둑하기에 나이아가라폭포 위를 유유히 걸을 수 있을까. 지름 5cm의 쇠줄 위에서 약 5m정도의 막대를 가로 들고 걷는다. 추락에 대비해 가느다란 줄을 몸에 연결했다지만 아래에는 어떤 안전장치도 설치하지 않았다. 미국 쪽에서 시작해 25분간 550m를 걸은 끝에 캐나다 땅을 무사히 밟는다.

산다는 것은 어쩌면 외줄을 타는 게 아닐까. 이처럼 아슬아슬하게 균형을 잡으며 폭포 위를 걷거나 살얼음판을 걷는 일이 아닐까. 동물이나 곤충 가운데는 태어나면서 곧바로 걷고, 먹이를 잡아먹고 살아가는 것들도 많다. 그러나 사람은 태어날 때 미숙한 존재로 삶이 시작된다. 아이가 걷기까지는 셀 수도 없이 많이 넘어지는 과정을 겪어야만 한다. 걷는다는 것은 결국 내 의지로 균형을 잡을 수 있도록 숙달된 후에야 이루어지는 것이다.

수없이 많이 닥치는 삶의 역경 앞에서 우리는 늘 흔들리며 균형잡기에 골몰한다. 신체의 균형도 문제지만 마음의 균형이 깨지는 것이 더 무섭고 심각하다. 때로는 특별한 이유를 찾지 못하는데도 마음이 불안하고 초조하며 나쁜 일이 일어날 것만 같은 불길한 조짐이 보일 때가 있다. 밥맛이 떨어지고 잠을 설치기도 하며 입이 마르고 아무 것도 하기 싫은 무기력증에 빠지기도 한다. 스스로 침착함을 잃고 마음에 먹구름이 드리우고 폭풍우가 일어 도저히 집중할 수가 없다. 마음의 중심이 흔들려 균형이 깨어졌기 때문이다.

늘 평상심을 유지하기를 소망하지만 마음의 날씨도 맑은 날, 흐린 날, 폭풍우가 쏟아지고, 천둥번개가 치는 날이 번갈아 찾아든다. 평온하지 못한 내 마음을 자세히 들여다보면 그 원인은 욕심에서 비롯됨을 읽을 수 있다. 물욕이든 명예욕이든 일욕심이든 더 가지고 싶고 더 보태고 싶어 안달하는 마음 때문이다. 흔들리지 않는 청정한 마음은 내려놓음이 그 답이라는 것을 왜 모르겠는가. 하지만 내 마음도 내 마음대로 다스리지 못하는 어리석음을 자책하며 살 뿐이다.

(2015.)

비운의 여인 덕혜옹주

영화 〈덕혜옹주〉를 보았다. 권비영의 소설 〈덕혜옹주〉를 각색한 것으로 비극적인 조선의 마지막 옹주의 생애와 허구를 가미해서 그려낸 영화였다. 옹주는 27년 전까지만 해도 우리 곁에 있었지만 역사 속에 묻혀 잘 알려지지 않은 인물이다.

수년 전 동양일보 문화기획단에서 대한해협을 건너 대마도에 갔을 때, 처음으로 덕혜옹주의 존재를 알았다, 어느 여염집 뒤곁에 마구잡이로 버려진 옹주의 결혼기념비석을 보고 가슴 아리던 기억이 어렴풋하다. 우리 일행은 비장한 가슴으로 진혼제를 지내고 돌아왔고 나는 그날의 행적을 기행문으로 쓰기도 했으면서 옹주에 대하여 애잔한 슬픔 한 자락만 펼쳤을 뿐 세월과 함께 서서히 잊고 있었던 일이다.

덕혜옹주는 1912년 일제강점기에 태어났다. 덕수궁에서 환갑이 된 고종과 귀인 양씨의 소생이다. 궁녀 양씨는 '복녕'(福寧)이라는 당호를 하사받아 귀인으로 봉해졌으며, 덕혜옹주도 '복녕당 아기씨'라고 불렸다. 고종은 덕혜옹주를 자신의 거처인 함녕전으로 데려 올만치 총애하였다. 고종에게는 9남 4녀의 자녀가 있었지만 3남 1녀만이 성년이 될 때까지 생존하여 덕혜옹주가 사실상 유일한 딸이었다.

고종은 덕혜옹주를 위하여 덕수궁 안에 유치원을 설치하여 귀족의 딸들과 함께 교육을 시켰다. 옹주가 영친왕 이은처럼 볼모로 일본에 보내지거나 일본인과 정략결혼을 하게 될 것을 염려하여 시종 김황진(金璜鎭)의 조카 김장한(金章漢)과 비밀리에 약혼을 계획하였지만 일본의 방해로 실패하였다.

왕실의 옹주로 태어났고 어린 시절 고종의 총애를 받으며 산 일곱 살까지의 인생은 행복했지만 고종의 갑작스러운 승하로 그의 불행은 시작되었다. 고종의 공식적인 사인은 '뇌일혈'이지만, 궁정 나인이 올린 식혜를 마신 직후 사망했기에 일제에 의해 독살 당했다는 의혹이 짙었다.

13세에 일본으로 강제 유학을 갈 수밖에 없었던 옹주는 고국의 어머니에 대한 그리움과 일제의 위협, 외로움 속에 살면서 그 누구도 믿지 못하는 외톨이가 되었다. 모진 수모와 두려움, 절망, 울분을 어찌 말로 다 표현할 수 있을까. 몇 년 뒤 어머니 귀인 양씨의 죽음으로 옹주의 심리 상태는 벼랑 끝까지 몰려 정신분열

증으로 비화되었다. 냉혹한 일제의 계략으로 일본의 백작 소 다케유키와 정략결혼하게 되어 딸 하나를 낳았지만 행복하지 않았다.

간절했던 단 하나의 염원인 고국으로 돌아가고자 했지만 광복 후 이승만 정부에 의해 입국을 거부당하고, 자신을 강제 유학 시켰던 친일파 한택수가 유유히 고국으로 돌아가는 모습을 보면서 절망감과 좌절에 미쳐버리지 않을 수 없었다. 정신병은 극심했고 1946년 마쓰자와 정신병원에 감금되다시피 했다.

결국 이혼했고 딸 정혜마저 행방불명되는 아픔을 겪었다. 정혼자였던 김정한에 의해 (사실은 김정한이 아닌 그의 형 김을한 서울신문 기자) 그녀의 존재가 세상 밖으로 알려졌고, 그의 도움으로 38년 동안의 원치 않던 일본 생활을 마치고, 1962년 고국으로 돌아왔다. 51세에 귀국하여 7년 동안 병원에 머물다가 1967년 퇴원한다. 이후 낙선재에 들어가 살다가 1989년 파란만장한 한 여인의 일생은 막을 내렸다.

덕혜옹주가 마지막으로 남긴 글은 한글을 처음 배우는 사람이 쓴 글씨처럼 서툴었지만 '나는 낙선재에서 오래오래 살고 싶어요. 전하 비전하 보고 싶습니다. 대한민국 우리나라.' 얼마나 간절하게 고국에서 살고 싶었는가를 짐작하고도 남는다.

이 영화로 하여 마지막 왕족 덕혜옹주의 존재가 다시 부각되어 온 국민에게 알려지게 된 것이 무엇보다 큰 소득이다. 일제의 악랄한 정치적 행위는 두고두고 지탄받아 마땅하다는 생각이 더 절절해졌다.

국권을 잃어버린 나라의 황녀, 그 비참한 삶을 보면서 일반 백성들은 얼마나 핍박 속에 살았을 것인가를 짐작해 본다. 일제의 계산된 책략이 몸서리치도록 악랄했다는 것을 다시 한 번 깊이 느끼며 내 나라 내 땅에서 자유를 누리며 살고 있는 지금의 우리가 얼마나 감사하고 행복한 일인가를 새삼 깨닫는다.

친일파 한택수의 비겁하고 무자비한 행동은 통탄을 금치 못한다. 같은 민족으로서 일본인의 앞잡이가 되어 옹주를 괴롭힌 악마 같은 그가 어찌 같은 피를 받은 한 민족이라고 말할 수 있겠는가. 자신의 영달만을 위하여 나라를 팔아먹는 매국노가 이 시대에는 없다고 할 수 있을는지….

영화 속 영친왕 망명 작전은 실제 역사 속 의친왕 망명 작전에 대한 기록을 참고로 하여 만들어진 허구다. 덕혜옹주가 독립운동과 관련이 있는 것처럼 그려진 것은 재미를 위한 것이라 하지만 역사에 없었던 일을 있는 것처럼 그리는 것은 역사 왜곡이니 염려를 떨칠 수 없다.

옹주를 역사 그대로 비극적인 조선의 마지막 옹주로, 비참한 여인의 삶으로 순수하게 그려냈다면 더 좋지 않았을까 하는 아쉬움이 남는다.

(2016.)

02

찔레꽃 머리

나는 이 나이 먹도록 무엇을 품었던가.
문학의 길에서 영롱한 진주를 꿈꾸었지만
가당치도 않은 일이었다.
자의든 타의든 진주를 품었으나 완성하지 못하고
어느 날 생을 마감하고 내 집 거실에 놓여있는
조개의 모습에서 미완성의 초라한 나를 본다.
하지만 완성이란 끝을 뜻하기도 하니
저 조개처럼 영롱한 진주를 가슴에 품는 것으로
위로를 삼으련다.
인생은 어차피 미완성이 아니던가.

행복한 이불

어머니, 엄마, 오늘 저는 큰일을 했어요. 이렇게 말씀드리면 제가 무슨 엄청난 공을 세워 칭찬받을 일을 했거나, 큰 잔치라도 벌였나 하고 생각하실지 모르지만 전혀 그런 게 아니에요. 하지만 50년 동안 끌어안고 망설이기만 하던 일을 오늘에야 결행했으니 제게는 큰일이라면 큰일인 거지요.

어머니, 50년이면 강산이 다섯 번이나 변한 긴 세월이었지요. 엄마도 기억하시겠지만 제가 스물여덟 과년한 나이에 시집을 왔고 지금 제 나이가 일흔 여덟이니 꼭 50년이 맞지요.

부모님께서 마땅한 제 혼처를 찾지 못해 큰 걱정거리를 안고 사셨는데 저는 결혼할 생각이 통 없는 철부지였지요. 하지만 어머니는 없는 살림에도 구멍구멍 제 혼수 장만에 마음을 쓰셨지요.

퇴근하고 집에 돌아오면 어머니는 식구들 몰래 저를 윗방으로 부르시곤 농속에서 옷감을 꺼내 놓곤 하셨지요. 어느 날은 가을 하늘보다 더 짙은 파란색 망사 저고리감을 펼쳐 보이시며 예쁘지 않으냐고 환하게 웃으시며 제 눈치를 살피시곤 하셨지요. 어느 날은 그때 한창 유행하던 분홍빛 반짝이 양단 한 벌감을 끊어 놓으시곤 제가 돌아오기를 눈이 빠지게 기다리기도 하셨지요. 신랑감도 정해지지 않았는데 그렇게 하시는 어머니께 한복을 언제 입는다고 그런 걸 사 들이시느냐고 오히려 짜증을 냈던 일이 지금도 죄송합니다.

"얘, 직장 생활은 평생 한다더냐? 결혼하면 그만둬야지."하시던 엄마의 목소리가 아직도 생생합니다. 제가 어머니의 마음을 왜 모르겠어요. 하지만 직장을 그만둔다 해도 한복을 몇 번이나 입을 것이며 무엇보다도 없는 살림에 아버지 눈치 보며 은밀하게 장만하시는 어머니의 자식사랑이 제게는 왜 그렇게 부담스럽고 불편했던지요.

아버지의 사업이 기울고 병까지 얻으셨으니, 제 월급을 봉투째 내놓아야 우리 육남매와 외할머니까지 아홉 식구가 먹고 살 수 있는 형편이 되었으니 어머니는 은근히 제 눈치를 보시곤 하셨던 걸 제가 왜 몰랐겠어요.

맏이였던 제가 개혼(開婚)이니만치 엄마는 혼수를 누구 못지않게 잘 해보내고 싶으셨겠지요. 어머니 시집가실 때 혼수가 부실하여 할머니께 모진소리 들으며 시집살이 하셨다던 그 얘기 저도 잘 알지요.

그럭저럭 한복 열 벌을 채워 보내신 엄마의 딸사랑을 누가 당하겠어요. 하지만 제가 직장 생활을 해서도 그렇고, 시대적으로도 한복은 명절에도 잘 입지 않는 특별한 옷이었으니 엄마가 애쓰신 만치 알뜰히 입지 못한 것이 죄송스러울 뿐이지요.

그 중에서 제일 아끼던 핑크색 목수(木繡)는 옷을 짓지 않고 천으로 가져 왔었지요. 농 정리를 할 때마다, 한복은 지어놔야 몇 번 안 입을 것 같고, 원피스를 지어 입을까, 투피스를 맞추어 입을까, 이렇게 저렇게 궁리만 하다가 도로 집어넣기를 50년 동안 했지요. 일 년에 두 번씩만 만졌다 해도 백 번입니다. 제가 우유부단해서만 아닙니다. 어찌해야 어머니 정성에 맞갖게 활용할까를 너무 생각한 때문이 아니겠어요.

어제 또 그 옷감을 꺼냈지요. 길게 펼쳐서 몸에 걸쳐 보니 여전히 화사했어요. 하지만 엄마, 요즘 세상은 기성복이 판치다 보니 양장점 찾기도 어려운 세상이 되었어요. 어설픈 데 잘못 맡겼다가는 옷감만 버리고 말 것 같고, 그렇다고 더 가지고 있다 보면 바라만 보다가 이 세상 떠날 수도 있겠다는 생각이 들지 않겠어요. 그때 문득 좋은 생각이 떠올랐지요. 구슬이 서 말이라도 꿰어야 보배라고, 저 혼자 덮을 여름 이불을 만드는 거였어요. 디자인 할 것도 없이 길이를 반 접어 둘레를 박기만 하면 끝날 일이니 더 생각할 것도 없이 단골 수선집으로 달렸지요.

수선집 아낙은 내 사연을 듣더니 참 생각 잘하셨다며 50년 동안 어찌 간직했기에 천이 삭지도 않고 그대로냐고 감탄을 하네요. 엄마, 워낙 물건이 좋기도 하지만 엄마의 사랑과 정성이 배인 물건이라 그런 게 아닐까요.

오늘 이불을 찾으러 갔더니 아낙은 주문하지도 않았는데 고맙게도 사이사이를 분홍실로 표 안 나게 누벼서 얌전하고 예쁜 이불을 내놓았지요. 그리고는 세상에서 가장 귀한 이불이니 열심히 덮으라네요. 내 마음을 알아주는 그녀가 정말 고마워서 수선비에 웃돈까지 얹어 주고 오면서 왜 그리 기분이 좋던지요.

엄마, 엄마가 살아계셨다면 이 이불을 제가 덮을 게 아니라 엄마께 덮어 드리고만 싶어요. 제가 어렸을 때, 셀 수도 없이 이불깃을 당겨 저에게 덮어주셨듯이 말입니다. 보나마나 엄마는 네가 덮어야 맞는다고, 저는 엄마가 덮으셔야 한다고 우린 말싸움으로 쉽게 결정이 안 날 거예요.

그런데 기쁘게 덮어야 할 그 이불이 너무 소중하고 아까워서 마구 덮을 수가 없네요. 하지만 아껴봐야 저 죽으면 고물로 버려질 물건일 뿐 엄마와 저만이 통하는 이야기지 자식들은 모를 사연이지요.

어머니, 저는 오늘 세상에서 가장 호사스럽고 따스하며, 가장 귀한 이불을 덮고 엄마 품에 안긴 듯 정말 행복합니다. 눈물을 주체하지 못할 만치 엄마가 보고 싶네요.

(2018.)

버선발

욱신욱신 쑤신다. 후끈후끈 불을 담아 붓는 것도 같다. 고춧가루를 뿌린 듯 화끈거린다. 따끔따끔 바늘로 찌르는 것도 같다. 참다못해 끙끙 앓는다. 엄지발가락 마디가 툭 불거져 나왔으니 등산화에 눌리고 스쳐 발갛게 부어올라 있다.

남편은 내 발을 쓰다듬으며 안쓰러워 어쩔 줄 모른다. 산세도 험한 단양의 도락산을 오르고 난 날 나는 울어버릴 만치 발이 아팠다. 부부동반 모임이니 남편 친구들 앞이라 아픈 티도 못 내고 아무렇지도 않은 척 산행을 강행한 것이 화근이었다.

"수술해 버리자."

남편은 단호하게 말했지만 부모님 주신 이 한 몸뚱이 제대로 간수하지도 못하고 칼을 대야 하나? 칼만 대는 게 아니지. 뼈를 깎는다고 했지. 거기다 회복기간이 길어 6개월은 잡아야 한다니 결코 쉽게 결정하질 못한다. 그러니 아들도 쉽게 권하질 않는 게 맞다.

반가운 이가 온다든지 다급한 일이 있을 때 버선발로 뛰어 나간다는 말이 있다. 그러나 그것도 옛말이지 지금은 버선발 보기도 쉽지 않다. 양말발이라면 모를까…. 그런데 내 발은 버선발이다. 내 발도 갓난 아이 적에는 예쁜 아가 발로 태어났다. 그런데 70 나이가 되고 보니 내 발은 아예 버선발이 되어버렸다. 정작 버선을 신어본 기억은 꿈에 떡 맛보듯 한데 말이다. 신혼 때 웨딩드레스를 벗고 시어머님이 해주신 관례 벗음을 입으면서 버선을 신어본 것은 확실하고, 가끔 꼭 한복을 입어야 할 처지일 때 몇 번 신어보았다. 한국무용을 배운다고 버선을 신었던 것은 60이 넘어서이다. 그것은 이미 내 발이 버선발이 되고 나서의 일이니 그것이 원인은 아니다.

내 엄지발가락은 정확히 말하여 검지발가락 쪽으로 45도가 기울어 있다. 두 발을 나란히 붙이면 양쪽 엄지발가락 사이에 90도의 공간이 생긴다. 그뿐인가. 새끼발가락은 반대로 안쪽으로 기울어져 있다 정확히 말하면 외반모지 즉 외지모반증이다. 이것을 버선발이라는 별명으로 불리기도 한다.

왜 곱다랗던 발이 이렇게 험한 꼴이 되었는가. 19살에 교사가 되자 학생 때 신던 운동화를 벗어버리고 하이힐을 신기 시작했다. 하이힐의 구두코는 이때나 저때나 삼각형에 가깝게 뾰족하다. 그

것이 나이 따라 차츰 낮은 굽으로 바뀌었지만 구두코는 늘 뾰족했었다. 둥글고 편한 구두가 나온 것은 불과 몇 년 되지 않는다. 불편한 것은 그저 그러려니 하면서 그 구두모양에 발을 맞추고 40여 년을 살았으니 왜 안 그렇겠는가. 무척 혹사당하면서 살아온 발이다. 구두를 만드는 사람들도 신는 사람들도 멋만 생각했지 발 건강도 편리함도 생각하지 못한 무지한 세월이었다.

발레리나 강수지의 발이 어떻고, 축구선수 박지성의 발이 어떻다고 하며 여러 사람들의 찬사를 받는다. 그런데 어찌 생각하면 내 발도 그만 못지않았다. 내 몸에 속한 여러 지체 중 가장 고생을 많이 한 것은 단연 다리와 발이었다. 그중에서도 발은 이루 말할 수 없게 고생을 많이 하였다.

70평생 이 발로 걸어온 거리는 얼마나 될까? 사람이 평생 걷는 평균 거리는 약 16만km, 무려 지구 4바퀴를 도는 거리와 비슷하다는 통계가 있다. 거기다 나는 수업을 진행하며 하루 종일 서있는 직업이었으니 그야말로 발로 뛴 세월이었다. 한 생을 족적이라고 하고 생계를 이어나가는 것을 발품을 판다고도 하지 않던가.

나는 내 발을 들여다보면서 스스로 눈물겨워 가슴이 아프다. 회한의 눈물이다. 교육자로서의 사명을 다하겠다는 의지도 있었지만 그보다는 먹고 살아야 한다는 절박함이 더 컸다는 것이 내 솔직한 심정이다. 발이 비뚤어져도 대책 없이 구두 속 형틀에서 고통을 당한 발에게 무척 미안하다.

내 발이야 말로 몸의 어느 부분보다도 충직한 일꾼이었다. 머리가 시키는 대로 저리 가라면 가고 이리 오라면 오는 심부름꾼 말이다. 가장 낮은 곳에서 가장 열악한 환경 속에서도 말없이 임무를 다하다보니 제모양이 일그러져도 어쩔 도리가 없었던 것이다. 가장 낮은 대접을 받아가면서 말이다.

지난번 성(聖) 주간(부활절 직전의 한 주간)때 성당에서 세족례(洗足禮)를 하는데 내 발을 씻겨주시는 신부님께 한없이 민망하고 부끄러웠다. 제 몸 관리도 제대로 하지 못한 죄인에다 이 발로 얼마나 많은 죄를 지으며 천방지축 뛰어 다녔던가 하는 자괴감에서 말이다.

"자기가 무슨 이멜다라고…."

내 신발장을 열어 보고 남편이 하는 말이다. 신발노이로제에 걸린 나는 온통 편한 신발에 정신을 쏟는다. 발이 편한 신발만 있다면 돈이 아깝지 않았다. 편할 것 같은 신발이 눈에 띄면 신고 걸어본다. 그리고는 신을 만 하다고 여겨지면 얼른 사 들고 오지만 한 이틀 신다보면 아파서 견딜 수 없곤 했다. 다시 벗어 놓을 수밖에. 이미 신은 신발이니 무를 수도 없다. 이렇게 한 켤레 두 켤레 늘다보니 신발장이 가득하다. 결코 이멜다처럼 사치해서가 아니다.

아직도 나는 이 못생긴 발로 걸어가야 한다. 그 시간이 얼마나 주어지고 얼마만한 거리가 될지는 모르지만 말이다. '입은 비뚤어졌어도 말은 바로 하라.'는 말이 있다. 그 말을 내 발에 빗대어 '발은 비뚤어졌어도 길은 똑바로 걸어야 한다.'고 스스로에게 다짐해 본다.

(2016.)

까마귀 이야기

머리끝에서 발끝까지 검다. 속살까지도 철저히 검지 싶다. '까악-까악-'울음소리까지도 불길하고 음산하다. 그에게 별명을 붙이라면 '저승사자'쯤이 아닐까. 그렇다고 그가 나에게 해를 끼친 일도, 손해를 보게 한 일도 없는데 왜 그런 생각을 하는지 좀 미안하긴 하다.

미국 워싱턴주 시애틀에 사는 여덟 살 소녀 게이비 만은 바닷모래에 마모된 부드러운 갈색 병조각이나 파란색 레고 조각, 귀고리, 클립, 유리구슬, 조개껍질, 쇳조각, 단추, 작은 백열전구, 반지, 너트, 못 등등 갖가지 자잘한 물건들을 많이 가지고 있다. 소녀는 이것들이 친구들이 가져다 준 선물이란다. 놀라운 것은 그 친구들이라는 게 사람이 아닌 까마귀들이다.

게이비는 몇 년 전부터 자신이 무엇을 먹을 때마다 졸졸 따라다니는 까마귀에게 관심을 갖기 시작했다. 처음에는 빵 조각을 조금씩 떼어주다가 2년 전부터는 매일 모이를 주고 있다. 어느 날부터 까마귀들이 모이를 다 먹은 뒤 모이통에 작은 물건들을 하나씩 놓고 가기 시작했다. 그것이 까마귀들이 주는 선물이라는 것이다. 그 선물들이 지금은 수십 가지에 이른다.

까마귀들은 게이비가 외출하면 전깃줄에서 지저귀며 늘 친구처럼 반긴단다. 한번은 까마귀가 'Best(베스트)'라는 글씨가 새겨진 작은 조각을 놓고 갔는데, 게이비는 "까마귀들이 저한테 'Best friend'라는 말을 하고 싶어 했을지도 모르겠다."고 했다.

까마귀들은 게이비 가족과도 친해졌다. 엄마 리사가 동네에서 카메라렌즈 보호뚜껑을 잃어버렸는데 까마귀가 이를 물어다 집에 갖다 주기도 했다. 리사는 영국 BBC방송과의 인터뷰에서 "까마귀들이 우리 가족의 일거수일투족을 다 보고 있었던 것 같다."고 했다.

워싱턴주립대의 조류학자인 존 마줄루프는 까마귀가 사람과 돈독한 관계를 맺는 경우가 여러 번 보고된 적이 있다면서 '사람과 소통할 수 있는 능력을 갖춘 새'라고 했다. 수컷 까마귀가 암컷에게 작은 물건을 물어다주며 구애하곤 하는데, 사람한테도 그에 버금가는 싫은 정이 들었을 때 선물을 가져다주는 것으로 추정된단다.

까마귀는 전 세계에 약 100여 종이 알려져 있는데 우리나라에는

8종이 있으며, 까마귀속 4종중에 '갈가마귀'와 '떼까마귀'는 겨울새이고, 큰부리까마귀와 까마귀는 텃새라서 쉽게 볼 수 있다.

내 선입견과는 다르게 까마귀는 영리하며 호기심도 많다니 내 생각을 수정해야겠다. 까마귀는 사람들을 믿지 않으며 경계심을 가진다. 소나 양과 같은 온순한 동물들에게는 가까이 가 장난을 치기도 하지만, 인간과 가까운 개들에게는 가까이 가지 않는단다.

까마귀는 친해지면 졸졸 따라다닐 정도로 믿음도 강한 새란다. 인간들이 까마귀를 잡는 일 때문에 인간을 멀리할 뿐, 신뢰를 쌓은 사람에 대해서는 경계하지 않는다. 민가 가까이 사는 다른 조류들도 사람을 따르기도 하는데 어느 사찰의 스님은 새들에게 먹이를 나누어 주고 의사소통까지 하는 것을 TV에서 본 일이 있다.

까치 중에서 유라시아 까치는 영리하여 동물 중 가장 높은 지능을 가지고 있어 유인원과 비슷하며 침팬지와 막상막하라는 것이다. 얼마 전 일본에서 까마귀의 지능에 대한 다큐멘터리를 방영한 적이 있는데 까마귀가 호두를 차도에 떨어뜨려 지나가는 차가 깨트리게 한 뒤 속을 먹는데 신호등이 있는 인근에 떨어뜨리는 안전추구의 지능까지 보였다.

도구를 사용하는 능력도 있다. 속이 들여다보이는 상자 속에 끈으로 묶어 놓은 먹이를 막대기로 빼내어 거뜬히 꺼내 먹었다. 이솝우화에도 나오듯이 유리물병 속에 먹이를 돌을 주워 넣어 수위를 높인 뒤 꺼내 먹을 만치 지능적이다. 낚시꾼이 얼음구멍을 내어 낚시를 하다가 잠시 자리를 비운 틈을 타서 낚싯줄을 당겨 물고기를 채어 먹거나 미끼를 따먹는다는 것이다. 눈이 많이 온 날 자동차 지붕에서 밑으로 구르며 미끄럼을 타고 노는 모습은 웃음을 자아내게 한다. 공중을 날다가 힘이 들 때는 독수리 등에 올라타고 멀리까지 무임승차하기도 한다니 깜짝 놀랄 일이다. 뉴욕대학생 조슈아 클라인은 까마귀의 지능을 이용하여 까마귀 자판기까지 만들어냈다.

까마귀는 태어나서 60일 동안 어미가 먹여 키워 준 것에 보답하여 어미가 늙으면 그만큼 먹이를 물어다 주며 봉양하는 반포지효(反哺之孝)하는 새라서 반포조 또는 효조라고도 한다. 건망증이 있는 사람에게 '까마귀 고기를 먹었느냐' 는 말이 있지만 그건 틀린 말이고 까마귀는 매우 똑똑하고 염치가 있는 새이다.

까마귀가 까욱까욱 울면 재수가 없다고 했다. 길조이기보다는 흉조로 생각해왔다. 그러나 서양에서는 까치를 흉조라고 하고 까마귀는 길조로 친다. 우리 민족에게도 국조(國鳥)로 친근한 새에 속했었다. 〈주몽〉〈대조영〉〈태왕사신기〉같은 고구려 사극을 보면 국조로 '삼족오(三足烏)'가 등장한다. 이는 세발 달린 까마귀로 태양신을 의미하며, 천·지·인(天地人)의 삼신 사상을 나타내고 환인·환웅·단군으로 해석되기도 한다. 고구려 벽화에서도 삼족오 문양을 볼 수 있듯이, 우리 민족은 까마귀를 하늘과 인간을 연결시켜 주는 사자로 여겼다. 견우, 직녀와 관련된 칠월칠석 설화에서도 까마귀는 까치와 함께 오작교를 만들어 그들 사이를 이어주는 역할을 하고 있다.

흉조로 오인하게 된 것은 중국과 일본의 의도적인 왜곡 때문이란다. 고구려를 두려워했던 한족(漢族)들이 고구려의 상징이었던 '삼족오'를 의도적으로 깎아내렸고, 일제가 식민지 36년간 민족의 정기를 말살하려 까마귀는 흉조라는 엉터리 소문을 퍼뜨렸기 때문이란다.

지능이 높고, 효심이 지극하며, 신성과 평화의 상징이었던 까마귀가 불운을 안겨다 주는 흉조로 알려지게 된 것은 대단히 잘못된 일이다.

'겉 볼 안'이라는 말이 있긴 하지만 사람도 외모를 보고 그 사람을 평가하다보면 허방을 짚거나 큰코다치기 십상이듯, 사람도 겪어보아야 알고 신중하게 판단하지 않으면 안 될 일이다.

(2016.)

은발 늘어가니

어제는 꽃샘바람에 실려 가듯 하동으로 내달렸다. 섬진강 80리를 따라 흐드러지게 핀 벚꽃을 눈이 시도록 보고, 쌍계사로 들어가며 길이란 길마다, 골이면 골마다 만발한 벚꽃에 취하여 꽃멀미가 날 지경이었다.

친구 따라 강남 간다고 기약 없이 떠난 길인데 때맞춰 만발한 벚꽃에 가당치도 않은 호사를 누렸으니 이게 웬 횡재인가 싶다. 그제야 언뜻 내 동네 무심천 벚꽃의 안부가 궁금해지는 무심함이라니, 민망하기 짝이 없다.

꽃눈을 맞으며 환호성을 지르고 '봄날은 간다.'를 지치도록 부르며 올라오는 길에 일기예보는 저녁부터 비가 내린다니 어쩌면 좋단 말인가. 아니나 다를까 해거름에 기어코 비 꽃이 떨어진다. 무심천 벚꽃이 다 떨어지고 말겠다는 낭패감에 잠을 설쳤다.

아침부터 서둘러 무심천으로 달렸다. 후드득후드득 차창을 때리는 빗방울이 원망스럽다. 하지만 무심천 벚꽃은 내가 올 때를 기다리기라도 한 듯 생각보다 멀쩡했다. 어제 본 쌍계사 벚꽃이 햇살이 간지러워 깔깔거리고 웃고 있었다면 무심천 벚꽃은 비를 머금어 막 세수하고 나오는 조신한 색시의 미소만 같았다.

봄이 만개하여 어디 가나 꽃 잔치다. 꽃들 사이로 파릇파릇 잎 피어나니 사람으로 치면 열아홉, 스물의 청순함이요, 꿈에 부푼 청소년의 풋풋함이다. 내게도 저런 꽃 시절이 있었나 싶다. 그 시절은 그것이 얼마나 찬란하고 황홀한 건지도 모르고 훌쩍 지나쳐 버리고 지금에야 까마득한 그때를 돌아보며 아쉬움에 젖는다.

염색한 지 일주일 만이면 귀밑머리가 하얗게 자라나온다. 야속하다. 나이를 감추겠다고 하는 짓은 염색은 머리카락을 못 쓰게 만든다. 어제, 오늘 본 벚나무는 고목일수록 꽃은 더 소담스럽게 피어 있었는데 사람에게는 그것을 허용하지 않으신 신의 뜻은 무엇일까. 식물에게만 부활의 기회를 주신 깊은 뜻은 무엇이란 말인가.

저녁 뉴스를 듣다가 가슴이 쿵 내려앉는다.

"65세 이상 노인 인구가 15세 미만 유소년 인구를 넘어섰습니다. 인구구조가 바뀌는 속도가 너무 빨라 걱정을 더합니다. 65세 이상 노인 비율이 14%를 넘어 고령화 사회인 우리는 일본보다 6

년이나 빠른 속도로 고령 사회가 될 것으로 보입니다."

앵커의 말에 내가 죄라도 지은 것처럼 TV 화면을 망연히 바라보는 마음이 무겁기만 하다.

우리 동네 복지회관에 올해 신규 회원이 200명을 넘었다니 노인은 기하급수적으로 늘어남을 실감한다. 장수를 축복으로 여겨 환갑, 칠순잔치를 벌이던 우리 풍습이 이제는 구습이 되었으니 오래 사는 것이 결코 축하받을 일만도 아니지 싶다.

의도하지 않았지만 나도 어느새 노인의 대열에 서 있고, 어딜 가나 왕언니다. 많은 노인들 속에서 젊은 세대들의 걸림돌이 되지 않을까 눈치를 보아야 하는 처지가 될 줄은 상상도 못했다. 그러나 노인을 피해갈 사람은 아무도 없다. 젊은 사람들이 자기는 안 늙을 줄 안다면 착각이다. 생로병사(生老病死)의 숙명적인 길을 어찌 피한단 말인가.

'어르신'이라 불리던 처음에는 어리둥절하여 '나보고 하는 소린가?' 화들짝 놀랐었다. 마치 '할머니'소리를 처음으로 들었을 때처럼 생소하고 무엇인가 무너져 내리는 것도 같고, 조금은 섭섭하던 묘한 그 기분처럼 말이다. '고쟁이를 열두 벌 입어도 보일 것은 다 보인다.'더니 나이를 어찌 감출 수 있으랴.

괴테는 '노인의 삶은 상실의 삶'이라 했다. 하지만 늙었다고 미리 포기해선 안 된다고 나를 타이른다. 건강, 일, 돈, 친구는 꼭 챙기고 희망과 꿈을 잃지 말고 끝까지 노력하지 않으면 홀로설

수 없게 된다는 말을 뼛속 깊이 되새긴다. 말이 쉬울 뿐 늙는다는 것은 사람을 기죽게 하고 초라하게 하는 폭군보다 더 위압적인 존재임을 부인하지 못하겠다.

노인은 무기력한 존재이기만 할까. 하이든의 〈천지창조〉는 66세에 작곡됐고, 소포클래스는 75세에 〈오이디푸스 왕〉을 썼으며, 괴테는 81세에 〈파우스트〉를 탈고했다. 그들은 천재가 아니면 나이를 의식하지 못하는 무감각한 성격의 소유자였을까. 노인은 무능하고 외롭고 불행하다는 시각이 옳지만은 않다. 노인이 젊은이 못지않게 행복할 수도 있다. 가장 행복한 나이는 60세부터 75세 사이더라는 99세의 김형석 교수의 말씀이 공감이 가 고개를 끄덕이게 한다.

요즘 젊은 세대는 연애도 결혼도 아이도 포기한다는 3포, 5포 세대를 넘어 N포 세대까지 등장했다. 삶이 각박한 그들에게 노인들이 짐이 된다는 것은 얼마나 염치없는 일인가. 젊은 세대에게 의존하기보다 자립적인 사고와 홀로서기로 노인보다 어르신으로 살아가려고 애를 쓴다. '노인네 무릎 세우듯 한다.'는 말이 있듯이 내 생각만이 옳다는 고집은 버려야 한다. 스스로 절제할 줄 알고, 아는 것도 모르는 체 겸손하고 여유가 있다면 어르신인 것이다. 나이 들수록 입은 다물고 지갑은 열라는 말이 있다. 베풀며 살 수만 있다면 행복한 삶이다. 그래야 친구도 이웃도 잃지 않는다.

젊은이들의 시각도 바꾸어야 한다. 아프리카 속담에 '노인 한 사람이 죽는 것은 도서관 한 개가 불 타 없어지는 것과 같다.'는 말이 있듯이 세상을 먼저 살아 본 노인에게는 지혜라는 보물이 있다.

머리카락에/ 은발 늘어 가니
은의 무게만큼/ 나
고개를 숙이리.

허영자 시인의 시를 나의 지표로 삼아보련다.

(2018.)

찔레꽃머리

오소소 소름이 돋는다. 으슬으슬 추워지면서 오한이 난다. 세상이 다 노랗게 보인다. 햇볕이 사정없이 내리쬐는데도 아래윗니가 덜덜덜 소리를 내며 부딪는다. 양지쪽 담벼락에 기대어 눈을 꼭 감았다. 눈물이 주르르 흘러내린다. 이러다가 엄마도 못 보고 죽을 것만 같았다.

외할머니는 장터 약방으로 약을 구하러 가셨다. 하루거리가 찾아온 것이다. 이상한 것은 그저께부터 오돌오돌 한축이 나고 아프더니 어제는 멀쩡했다가 오늘은 또 한축이 나니 학교에서 간신히 두 시간을 버티었다. 선생님께서 머리를 짚어보시더니 안 되겠다며 집으로 보내주셨다. 선생님은 학질(瘧疾)이라고 하셨다.

할머니는 쓰디쓴 노란색 금계랍을 구해 오셨다. 우리는 그 때 그 약을 '깅게랍'이라고 촌스럽게 말했다. 세상에서 이보다 더 쓴

약은 없지 싶었다. 넘어가지 않는 약을, 채근하는 할머니 눈빛이 애처로워 억지로 삼켰다. 지금도 그 생각을 하면 입이 쓰디 쓰다.

할머니는 나를 업고 집 뒤로 난 향림으로 넘어가는 오솔길로 비틀비틀 걸어가셨다. 아홉 살짜리가 업히는 것이 민망했지만 할머니 등이 아랫목처럼 따뜻해서 얼굴을 묻고 진드기처럼 등을 파고들었다. 한낮의 햇살이 내 속눈썹 끝에서 아른거렸다. 건너편 짙푸른 토끼봉에서 '뻐꾹 뻐꾹' 뻐꾸기가 처량하게 울어댔다. 엄마가 보고 싶었다.

한참을 올라가 찔레꽃이 덤불져 하얗게 핀 언덕배기에 나를 내려놓으신 할머니는 두 손 모아 합장하곤 빌고 또 빌었다. 서리병아리처럼 병약한 손녀딸을 위한 할머니의 비손은 간절하였다. 무슨 말인지 알아듣지는 못했지만 절절한 기도였다.

어질머리가 나는데도 다복다복 셀 수도 없이 피어있는 찔레꽃의 하얀 웃음이 반가웠다. 다섯 장의 하얀 꽃잎이 할머니의 옥양목치마보다 더 새하얗고 꽃잎 한가운데 포슬포슬한 노란 꽃술은 금계랍 색깔보다 더 노랗다. 찔레꽃을 이렇게 가까이서 만나기는 처음이었다. 은은한 꽃향기에 눈이 스르르 감겼다.

언덕배기 밑에 순자네 보리밭은 누렇게 익어 바람에 파도처럼 일렁였다. 할머니는 여기저기 풀을 헤집고 무언가를 뜯기에 분주하셨다. 그것을 달여 약으로 먹였지만 무슨 풀이었는지는 지금도 알 수 없다.

할머니와 나는 가끔 그 찔레꽃 더미 앞에서 둘만의 지순지결(至純至潔)한 사랑을 익혀갔다. 어느 날은 빨갛게 익은 산딸기를 한주먹 따서 먹기도 했고, 찔레나무 여린 햇순을 따서 껍질을 벗겨 먹던 일도 할머니에게서 배웠다. 비릿하면서도 달착지근하던 그 맛은 아직도 잊지 못한다. 밭에 갔다 오시며 오솔길 모퉁이에서 연분홍 메꽃을 따다 내 손에 들려주시던 할머니의 검버섯 핀 따스한 손길이 그립다.

열 살이 되던 이듬해 할머니와 떨어져 엄마와 함께 살면서도 내 마음은 온통 할머니를 향한 그리움이요, 기다림이었다.

사범학교 2학년, 열여덟 살 되던 해 5월, 찔레꽃머리 보리누름에 외할머니는 저 세상으로 떠나셨다. 꽃상여를 타고 향림으로 가는 그 오솔길을 넘어 가셨다. 그 날도 찔레꽃은 그 자리에 하얗게, 하얗게, 번지며 피어있었다. 할머니의 애틋한 사랑을 떠올리며 나는 찔레꽃 더미 앞에서 오열하였다. 할머니의 꽃상여도 차마 발길이 떨어지지 않는 듯 주춤거렸다. 나를 외갓집에 맡기고 떨어져 살던 엄마는 내 아픔을 짐작이나 했을까. 나는 그 해 외할머니를 여읜 슬픔으로 한동안 비틀거렸다. 사춘기 소녀는 그때부터 슬픈 게 뭐라는 걸 조금씩 알아갔다.

수십 년이 흘러 일흔이라는 무거운 나이를 부담스러워하던 그 해 5월, 나는 세상이 무너지는 가장 쓰라린 일로 허물어졌다. 동반자를 잃은 슬픔은 어떤 말로도 표현할 길이 없었다. 모든 것이

뒤집히고 하늘이 무너져 내렸다. 인정하고 싶지 않은 일이었고 차마 입에 담고 싶지 않은 청천벽력이었다.

남편을 산에 묻고 경황없이 돌아오는 차속에서 눈물도 말라 멍하니 차창 밖을 바라보는데 산기슭 양지바른 밭두렁에 새하얀 찔레꽃이 나를 향해 손을 흔든다. 가슴속에 묻어두었던 찔레꽃 영상이 파노라마처럼 스쳐갔다. 잿빛 슬픔이 안개처럼 몰려온다. 아! 어쩌자고 찔레꽃은 오늘도 나에게 또 서러움을 부추기는가. 가물가물 멀어져가는 찔레꽃의 손짓은 내 가슴에 또 한 켜의 앙금을 쌓았다.

계절의 여왕 5월은 얼마나 찬란한가. 연초록과 초록 사이로 계절이 스쳐 지나갈 그때가 나에게만은 견디기 어려운 잔인한 달이 되었다. 순박한 꽃, 하얀 꽃, 찔레꽃은 나에게 한없이 슬픈 꽃으로 각인되었다. 원나라에 공녀로 끌려갔던 산골 소녀 찔레의 무덤에서 피어난 슬픈 넋의 찔레꽃이 나를 울리는 꽃이 되었다.

'하얀 꽃 찔레꽃 순박한 꽃 찔레꽃, 별처럼 슬픈 찔레꽃, 달처럼 서러운 찔레꽃, 찔레꽃 향기는 너무 슬퍼요. 그래서 울었지. 목 놓아 울었지….'

장사익이 온몸으로 부르는 찔레꽃 노래를 나는 끝까지 듣지 못한다. 가슴을 후벼 파는 듯 너무 서러워 차마 듣지 못한다.

(2015.)

귀뚜라미 소리

올 여름은 무던히도 더웠다. 여름이 다 덥다지만 올 여름 같은 더위는 일찍이 없었다. 만나는 사람마다 더워 죽겠다는 말이 첫마디요, 더위에 어떻게 지내느냐는 게 공통된 인사였다. 내년여름도 이런 날씨라면 정말 못 살 것 같다.

계절의 순환은 법보다 더 철저하여 입추가 지나니 숨통을 틀만하여 이제 좀 살 것 같다고 한시름 놓는다. 창으로 실바람이 넘나들고 있으니 더위가 한 풀 꺾인 것은 틀림없다.

저녁에 TV앞에 앉았는데 탁자 밑에서 바스락거리는 소리가 났다. 이상하여 탁자 밑에 책을 들추어 보아도 보이는 게 없다. 이튿날 새벽, 서재에 들어 컴퓨터 앞에 앉았을 때, 발밑에서 그 소리의 정체를 만났다. 생뚱맞게도 거기서 맞닥뜨린 것은 한 마리 귀뚜라미였다. 실하게 생긴 검은 것이 인기척에 놀라 책상 밑 깊숙이 숨어 버린다.

아니, 어느새 귀뚜라미의 출현이라니. 달력을 보니 처서(處暑)가 코앞이다. 처서는 쉽게 풀면 더위를 처분한다는 뜻이니 가을이 오고 있는 것이다. 그 지겹던 더위가 물러간다니 그 어느 때보다도 쌍수를 들어 가을을 환영한다.

모기 한 마리 들어올 수 없게 꼭꼭 여며 놓은 방충망인데 어디로 들어왔단 말인가. 가물가물한 높이인 22층까지 어떻게 올라왔으며 꼭 내 집을 찾을 이유라도 있었던가. 아무래도 이상한 생각을 떨쳐 버릴 수가 없다. 어쩌면 저 화분들 속에서 태어나기라도 했다면 몰라도 이 높이까지 찾아오다니…. 가을이면 집 앞 공원에서 들리는 풀벌레소리를 즐겨 듣긴 했지만 이렇게 내 집에서 귀뚜라미를 만난 건 처음이다.

밤 11시쯤 되자 그는 베란다에서 울기 시작했다. '또르르 또르르…'아니 그것보다는 약간 쇳소리가 섞인 듯한 '챠르르 챠르르…'에 더 가깝다. 귀뚜라미는 '귀뚤귀뚤'운다고 노래했지만 그 소리하고는 멀다. 거실 문을 열고 베란다로 나가자 그는 소리를 뚝 그친다. 문을 닫고 들어와 앉으면 또 울기 시작한다. 신문을 뒤적이는 작은 소리에도 민감하게 반응하니 오히려 내가 조심조심하는 꼴이 되었다.

불을 끄고 누웠다. 어린 시절 섬돌 밑에서 울던 바로 그 소리다. 날개를 비벼서 내는 소리라는데 어찌 저리도 고울까. 은쟁반에

옥구슬 굴리는 소리가 맑다고 하지만 저렇게 맑고 청아한 소리를 낼 수는 없지 싶다. 자정이 넘었는데도 그 소리는 그치지 않는다. 대금연주로 청성곡을 들을 때처럼 그 소리가 정말 애절하기 그지 없다. 애간장을 끊는 소리라더니 가슴 밑바닥에 꾹꾹 눌러놓은 애잔한 아픔이 쓰린 통증으로 스멀스멀 기어 올라온다.

하늘나라에 간 남편이 오늘 밤 여기에 오기라도 했단 말인가. 애타게 부르는 그의 소리일까. 하긴 밤을 새운들 할 말을 어찌 다 할 수 있겠는가. 한참을 듣다보니 소파에 누워 천연스럽게 '코르르 코르르…'코를 골고 자는 그의 환영(幻影)이 보인다. 귀 기울여 더 깊이 들어 본다. 제발 모든 것을 내려놓고 편하게 살다가 오라는 그의 말로 귀결된다.

문득 남도민요 한 자락이 생각난다. 처서에 창을 든 모기와 톱을 든 귀뚜라미가 길에서 만났다. 모기의 입이 귀밑까지 찢어진 것을 보고 귀뚜라미가 그 사연을 묻는다. "미친 연놈들, 날 잡는답시고 제 허벅지, 볼때기 치는 걸 보고 하도 우스워서 입이 이렇게 찢어졌다네."그럴 듯하다. 자네는 뭐에 쓰려고 톱을 가져가느냐고 귀뚜라미에게 묻는다. "추야장(秋夜長) 독수공방에서 임기다리는 처자낭군 애(腸)를 끊으려 가져가네." 귀뚜라미 우는 소리를 단장(斷腸), 애끊는 톱 소리로 들었다는 것은 얼마나 적절하고 세련된 표현인가.

귀뚜라미는 자기 영역을 주장할 때나 싸움을 할 때, 암컷을 유혹할 때 각각 음조를 바꾸어 다른 곡조로 노래한다는데 한결 같은 소리로 저리 우는 까닭은 무엇이란 말인가.

곱거나 예쁘지도 않은 귀뚜라미를 애완용으로 기르는 사람들이 있다. 청아한 그 울음소리에 반해서일 게다. 온통 집안이 귀뚜라미 천지로 거실을 활보하다가 저녁이 되어야 제집으로 들여보낸다나. 집 안 온도는 항상 20도를 유지하고 귀뚜라미 밥 주기에 2시간 이상을 공을 들인단다. 귀뚜라미들이 좋아한다는 쌀밥을 귀뚜라미 전용 밥그릇에 담고, 물그릇까지 따로 마련하여 대령해 준다니 웃지 않을 수 없다. 이렇게 애지중지 정성을 다해도 3개월밖에 살지 못한다고 안타까워한다. 매일 밤 그는 귀뚜라미 소리를 들으며 하루 일과를 정리한다고.

가을이면 중국 곳곳에서 귀뚜라미 싸움이 열린다. 귀뚜라미 싸움을 투실(斗蟋)이라고 하는데 지난해 가을 항저우 차오산 풍경구에 있는 포우루 산장에서는 300여 마리의 귀뚜라미들이 참가하는 차오산배가 열렸단다. 대회는 체중에 따라 경량급과 중량급으로 나눠 투기장에서 치러진다.

투기장은 큰 함지 크기의 통인데 귀뚜라미가 뛰어 넘지 못하도록 50cm 가량 높다. 이 통의 한 가운데를 판자로 막은 다음 한쪽에 한 마리씩 귀뚜라미를 넣고 주인이 말꼬리로 만든 작은 붓끝으로 머리를 살살 간질이며 약을 올린다. 극도로 약이 올랐을 때 심판관이 가로막은 판자를 빼낸다. 싸움이 시작되면 상대방의 머리를 물어뜯는데 한쪽이 도망가면 끝까지 추격한다. 귀뚜라미는 동족을 잡아먹는 습성이 있어 싸움이 아주 결사적이란다. 게임은 약 5분 만에 끝나고 심판의 판정에 따라 승부가 결정되면 이긴 편이 건 돈을 차지한다. 판돈은 쌍방의 합의에 따라 액수가 결정되므로 한 번에 집 한 채를 날리는 일이 허다하단다.

중국에서는 요즈음 투실이 돈벌이로 전락했다. 우승상금은 5~10억 위안에 달한다는 것이다. 우승한 귀뚜라미는 '장군'이라는 칭호가 붙고 몸값도 수십, 수백 달러에 이른다. 옛날 중국황실에서 궁녀들이 무료함을 달래기 위해 시작한 놀이에서 비롯된 것이 고관대작들의 놀이가 되다가 이제는 기업형으로 변질되고 있다니 세상은 참말 요지경이다.

이제 자연의 순리가 여름을 밀어내고 있다. 여름이 매미의 철이라면 가을은 단연코 귀뚜라미의 계절이다. 귀뚜라미 소리에 가을은 점점 깊어갈 것이다.

(2012.)

시앗

하늘은 온통 회색빛으로 을씨년스러웠다. 학교에서 돌아오니 엄마는 내게 심부름을 보내셨다. 아버지 공장에 가서 어떤 사람을 집으로 데리고 오라는 것이다. 숙제도 많고, 아버지 공장은 십리쯤 되는 초간한 거리였다. 입이 쑥 나와서 하천 둑을 따라 걸으며 아무 설명도 없이 사람을 데려오라니 참 의아했다.

불현듯 어젯밤일이 떠올랐다. 한숨 자고 깨어보니 한밤중인데 어머니와 아버지가 마루 끝에 술상을 마주하고 앉아있다. 평소에 없던 일이다. 달빛은 휘영청 밝아 마루 가운데 긴 그림자를 드리웠다. 무언가를 호소하는 듯한 아버지의 나직한 목소리에 간간히 어머니의 한숨소리도 들린다. 분위기가 심상치 않으니 모르는 척 다시 눈을 감았다. 귀뚜라미 소리만 크게 들렸다.

아버지 공장에 도착하니 어떤 젊은 아줌마가 아기를 업고 방에서 나온다. 화장기 없는 얼굴이 가무잡잡한데 등에 업힌 아이까지 검다. 아버지 역시 누구라는 설명도 없이 여자를 딸려 보냈다. 무학당을 지날 때까지도 그 여자는 말없이 내 뒤를 따르더니 그제야 몇 살이냐, 이름이 뭐냐고만 물어 본다. 조신하고 순박해 보였고 언뜻 봐도 시골티가 났다. 친척도 아닌 것 같고 도대체 누구란 말인가? 의아하기 짝이 없다.

어머니는 동생 벌은 되는 그 여자에게 깍듯이 존댓말이다. 아버지가 돌아오시고 저녁 상머리에는 침묵만 흘렀다. 저녁상을 물리자 그 여자는 그릇을 모아 부엌으로 나갔지만 어머니는 손사래를 치며 그녀를 방으로 돌려보내고 손도 못 대게 하신다. 이튿날 아침밥을 지으면서도 그 여자가 파를 다듬으려 해도 그런 거 하면 안 된다며 나를 시키신다. 여자는 민망하여 어쩔 줄을 모른다. 참말 알 수 없는 일이었다.

아버지는 낭만파였다. 중학교 때 나에게 정비석의 소설 〈산유화〉를 선물할 정도로 섬세하고 다정다감한 성정을 지니셨다. 늘 공책을 머리맡에 두고 유행가 가사 같은 시를 쓰셨다. 한 달에 두 번은 공장 문을 닫고 쉬셨다. 그 전날에는 간조 날이라며 돈을 자루에 한 가득씩 가지고 오셔서 밤중에 두 분이 앉아 세곤 하셨다. 쉬는 날이면 아버지는 백구두를 신고 한껏 멋을 부리고 어딘가로 나가셨다.

아버지의 공장 옆에 선술집이 있었다. 그 여자는 무슨 사연인지 돌잡이 아기를 업고 그 선술집에 돈벌이를 하러 나온 모양이다. 아버지는 동정심이 발동하여 그 여자를 선술집에서 구출하고 싶었을 테고 동정을 넘어 연민이었을지 사랑이었을지 알 수 없지만 열두 살의 내 촉각으로 감지한 것일 뿐이다.

내가 그 여자가 아버지의 여인임을 확인한 단서는 담배심부름이었다. 아버지가 쉬는 날, 어머니는 휭하니 냇가 빨래터로 나가셨고 집안에는 그 여자와 아기, 아버지와 나뿐이었다. 묘한 분위기 속에서 내 촉각이 곤두섰다. 그 때 아버지가 평소에 안 시키던 담배 심부름을 시키는 것으로 나는 내 의문에 종지부를 찍었다. 그때부터 나는 아버지를 속으로 원망하고 미워하며 눈을 맞추지 않았고, 어머니는 벙어리처럼 침묵하셨다.

어머니는 큰 소리 한 번 안 내시고 그 여자에게 일을 못하게 극진히 모시며(?) 인내로 버티어 내신 것이니 속에서 끓어오르는 분노와 배신감을 어찌 감당하셨을까. 속으로는 피울음을 삼키셨을 어머니의 아픔을 그때는 제대로 몰랐다.

목에 가시가 걸린 것처럼 불편하고 묵직한 분위기로 한 달여를 함께 살던 어느 날 젊은 남자가 우리 집에 찾아왔고, 여자는 그 남자의 뒤를 말없이 따라가고 있었다. 아기 아버지라고 했다.

돌부처도 돌아앉는다는 시앗, 겉보리를 껍질째 먹는 한이 있어도 시앗과는 한 집에 못산다고 했는데 어머니는 그 고통을 표내지 않고 이겨내시느라 얼마나 힘드셨을까. 마음 둘 데 없어 속울음으로 피눈물을 삼키셨을 그 인내가 소태처럼 쓰고 불가마처럼 뜨겁지 않았겠나.

그 인내는 당신의 안위보다는 나와 동생들의 장래를 헤아려 모멸감을 꾹꾹 참고 또 참으셨으니 생지옥이었을 게다. 하지만 시앗에게 남편의 마음을 빼앗긴 패자가 아닌 오히려 의연하게 그들 앞에 군림하는 승자로서 당당하고 꿋꿋하게 가정을 지킨 어머니가 존경스러웠다. 이제 두 분 다 저세상에 계시지만 아버지의 한때 바람기도 이제 와서 생각하면 이해할 수 있을 만치 나도 나이를 먹었다.

내 남편이 새장가를 든다고 했다. 신부는 6학년쯤 되는 소녀였다. 자세히 보니 엘리베이터에서 만나면 귀엽게 인사를 하는 야무진 아이 희진이였다. 그 아이라면 신부감으론 손색이 없지만 나이 차가 너무 나니 그게 걱정이었다. 감색양복을 깔끔하게 차려입은 남편은 나와 결혼할 당시의 그 모습 그대로다. 이상한 것은 질투하거나 심통을 부리는 그런 심정이 아닌 이 기분은 또 무엇이란 말인가.

어린 신부는 색동옷을 차려입고 내 남편을 졸졸 따라다니며 아양을 떨고 있는데도 나는 아무렇지도 않고 잔칫집이라고 즐겁기까지 했다. 참으로 이상한 꿈이다. 그런 일은 상상해 본 적도 없다.

하늘나라에서 그가 장가를 가는 날인가? 아니지. 하늘나라에서는 결혼하는 일은 없고 그냥 아는 사람으로 지낼 뿐이라고 했는데…. 아닐 거라고 도리질을 하면서도 가슴 한가운데가 허수룩하고 서늘하면서도 쓰릿했다. 꿈속의 기분과는 아주 딴판이다. 꿈속장면들이 자꾸만 곱씹어진다. 하긴 결혼은 사랑의 무덤이라는데 천국에서까지 결혼하여 아웅다웅할 일은 없을 거라고 생각했는데 막상 그런 꿈을 꾸고 나니 묘한 기분이다.

저승에 있는 남편에게도 너그럽지 못한 내 심사에 나 자신도 놀란다. 어머니의 의연하시던 모습이 떠오른다. 평소에 내가 먼저 죽으면 홀아비 청승 떨지 말고 지체 없이 새장가를 가라고 누차 말했던 내 말은 헛말이었을까?

조선의 여인들은 시앗 때문에 애간장을 녹이며 한스럽게 산 사람이 많았다. 가부장적인 횡포, 그 죄를 어찌 다 보상 받을 수 있겠는가. 조선의 여인만 그렇진 않았을 게다. 인간의 세계, 동물의 세계, 곤충의 세계에도 시앗이 있을진대 하느님은 어째서 이런 구조로 세상을 창조하셨는지 야속한 일이다.

(2016.)

웃고 있어도 눈물이 나네

찬바람이 품속으로 파고든다. 달랑 한 장 남은 달력이 초조감을 부추기는 12월이다. 오늘은 30대에 만나서 40년의 긴 세월동안 모임을 같이했던 옛 직장동료들을 만나는 날이다. 아침부터 머리 염색을 하고 화장도 공들여 했다. 반가운 얼굴들을 그려보며 모두들 만났으면 하는 기대를 갖고 식당에 도착했다.

나보다 먼저 와 있는 사람은 세 사람이다. 여덟 명 중에 세 사람은 어지럼증, 친척의 상가(喪家) 조문, 한 사람은 연락이 닿지 않아서 못 나온다니 다 그럴만한 사정이 있었다. 이제 올해 80이 되신 형님 한 분만 오시면 다 모이는 셈이다. 식당종업원 아가씨는 주문한 음식을 내오겠다고 몇 번이나 재촉하는데 약속시간이 15분이 지나도 그 형님은 나타나지 않는다.

할 수 없이 전화를 넣었더니 지금 집 앞이라며 황급히 전화를 끊는다. 아직 집 앞이라니 모두 갸우뚱 한다. 또 10분을 기다리다 무슨 일이라도 있나 하는 불길한 생각이 들어 다시 전화를 건다. 다 와가니 조금만 더 기다리란다. 모두 식당 문을 주시하고 있자니 드디어 그 형님이 비질비질 웃음을 흘리며 들어서더니 인사도 생략하고는 "아! 나 어쩌면 좋아. 미치겠다. 12시 반 모임이라고 해서 할 일도 없이 소파에 앉아 12시 반이 될 때까지 시계만 쳐다보고 기다렸으니 내가 제정신이야? 아 한심한 인간…." 자기 가슴을 마구 치는 바람에 우리는 식당 홀의 다른 손님들도 의식하지 못하고 그저 일제히 까르르 웃음보가 터지고 말았다. 허리가 아프도록 실컷 웃고 났더니 눈물까지 나온다. 코미디가 따로 없다. 그런데 그 웃음의 끝은 슬프게도 씁쓸한 쓴웃음이다. 웃고 있는데도 찔끔찔끔 눈물이 난다.

그 형님을 처음 만났던 30대 시절이 떠오른다. 누구 못지않게 포근포근 곱던 얼굴과 늘 생글거리던 그 귀염성, 유능한 교사이면서 오남매를 끼끗하게 키워낸 슈퍼 우먼이었는데 그 형님이, 이 형님이라는 사실이 믿기지 않는다.

그러자 봇물 터지듯 실수담들이 이어진다. 그 형님보다 한 살 더 잡수신 큰 형님이 엊그제 외출하려고 엘리베이터를 타고 1층에 내려왔는데 눈앞이 뿌옇더란다. '아 내가 안경을 안 쓰고 나왔구나.'싶어서 다시 집으로 올라가서 여기저기 안경을 찾아보아도 없었다. 참 이상하다 싶었는데 우연히 손이 간 눈에 안경이 씌워져 있더란다. 멀쩡하게 잘 쓰고 나온 안경을 집에 다시 올라가서 찾았다니 나이 든다는 것이 이렇게 무서운 것인가.

한 달 전쯤이었다. 그 날은 복지회관 가곡반에서 발표회를 앞두고 합창 연습이 있는 날이다. 10시에 시작이지만 주차공간이 좁으니 일찍 가야 차를 세울 수 있는 형편이라 서둘렀다. 그런데 차 열쇠가 없다. 어제 분명히 벽에 걸어 놓았는데 웬일일까. 아침에도 본 것 같은데 말이다. 가방을 뒤지고 어제 입었던 옷의 주머니를 뒤지고 거실장 서랍을 열어보고 온 집안을 다 살펴도 열쇠는 없다.

어느새 시작시각인 10시를 막 넘고 있었다. 등에서는 진땀이 나고 머리가 띵하고 아프면서 힘이 쏙 빠진다. 택시를 잡아탄다 해도 지각은 뻔한 일이니 오늘은 포기할 수밖에 없다고 왼손에 들고 있던 가방을 거실 바닥에 내려놓는데 둔탁한 소리와 함께 차 열쇠가 툭 떨어진다. 왼손 검지에 차 열쇠고리를 걸고 그 손에 가방을 들었으니 열쇠가 보이지 않았던 것이다. '업은 애기 삼년 찾는다.'는 속담이, 과장도 너무 심했다고 생각했었는데 이제야 그 말이 큰 무리가 아니구나 싶었다. 이래서 내 얼굴에도, 내 마음에도 주름살 하나를 보탠다. 누구는 핸드폰을 한 달 만에 베란다에 놓인 소금단지에서 찾았다는데 그것보다는 나은 셈인가.

며칠 전, 영화관에서 화장실에 들렀다. 볼일을 보는데 밖에서 남자의 헛기침 소리가 난다. '아니, 여자 화장실에 웬 남자?' 귀를 기울이니 '쏴아'하며 물 떨어지는 소리가 들린다. 수돗물 소리려니 하면서도 뭔가 감이 다르다는 느낌이다. 문을 살짝 열고 빼꼼이 내다보니 웬 남자가 서서 볼일을 보고 막 돌아선다. '이게 어찌된 일인가.' 왜 여자 화장실에 남자 소변기가 있단 말인가. 머리가 띵하다. 나도 모르게 체머리가 흔들리며 소름이 돋는다. '아! 내가 왜 이러지?' 그제야 상황 판단이 되고 가슴이 콩닥거린다. 얼굴이 확확 달아오르고 머리가 핑 돈다. 누가 다시 들어오기라도 하면, 문을 노크하기라도 하면 이 망발을 어찌 할 건가. 옆 칸에 귀를 대보니 조용하다. 어떻게 이곳을 빠져 나간단 말인가. 눈을 꾹 감았다 크게 뜨고는 살짝 문을 열고 얼굴을 두 손으로 가리고 고양이걸음으로 그곳을 빠져 나왔다. 하느님이 보우하사 아무도 본 사람은 없는 것 같다. 화장실에 들어갈 때 무슨 생각에 골똘했기에, 금녀의 구역에 무심코 들어간 걸까. 나이 탓으로 돌리기에도, 너무 심하다. 무슨 핑계를 댄다 해도 말이 안 된다.

어느 날 시내버스 안에 앉아 있었다. 정류장에서 앞문이 열렸다. 연세 들어 보이는 할머니가 기사를 향하여 "기사님, 저기 가요?" 하며 손을 들어 시내 쪽을 가리킨다. 어이없다는 듯 바라보는 기사님을 향하여 할머니는 좀 더 큰 소리로 "저기 가느냐고요?" 덜커덕 문이 닫히고 버스는 출발했다. 할머니는 망연히 버스 뒤꽁무니를 바라보고 서 있고 기사는 혼잣말을 지껄인다. 어이없는 일이다. 저기가 도대체 어디란 말인가? 할머니는 갈 곳의 지명이 생각나지 않은 것이다.

단어가 잘 생각나지 않아. “있잖아. 그거 뭐지? 그거 말이야, 그거.”이게 우리들의 숨길 수 없는 모습이다. 환갑잔치를 육갑잔치라고, ‘아메리카노’를 ‘아프리카노 한 잔 주세요.’라고 했다는 우리들이다.

노인의 삶은 상실의 삶이라고 했으니 그저 받아들일 수밖에 없기에 눈물이 난다. 그저 웃어넘길 일이 아니라서 슬프다. 정말로 두려운 것은 결코 귀신도 악마도 아니다. 바로 늙어간다는 것이다.

(2018.)

진주를 품다

하롱베이, 푸른 바다에 그림인 듯 떠있는 바위섬들을 사진으로 보며 언젠가는 꼭 가보리라고 별렀지만 기회는 좀처럼 주어지지 않았다. 그럴수록 더 간절하여 '하롱베이'라는 그 지명이 어찌도 그리 혀끝에 착착 감기며 낭만적으로 느껴지는지 꿈속에서도 그려졌다.

염원하면 이루어진다더니 드디어 그곳 선착장에서 유람선에 오르면서 콧노래가 나왔다. 춥지도 덥지도 않은 날씨에 햇살도 눈부셨다. 부끄러운 얘기지만 나는 사진에서 본 몇 개의 바위산이 떠있겠거니 했는데 가이드의 말이 3000개가 넘는 바위섬들이 흩어져 있다는 말에 설마 하며 곧이들리지 않았다.

드디어 배는 출항했고 기기묘묘한 바위섬들을 바라보며 입이 다물어지지 않았다. 키스섬, 거북이섬, 원숭이섬, 낙타섬 등 기암

괴석과 절벽, 동굴 사이를 누비며 사진찍기에 바빴다. 어느 곳을 보아도 절경 아닌 곳이 없다. 하느님은 여기저기 섬을 심다가 그만 싫증이 나서 이 바다에 휘익 뿌려 버리고 손을 터신 게 아닐까 하는 생각마저 든다. 그 덕에 베트남은 횡재를 한 것이지 싶다.

아름다운 경관에 취하다 보니 우리가 바다로 나아가고 있는 건지 다시 되돌아오고 있는 건지도 분간이 되지 않고, 금방 갔던 데를 다시 가고 있는 것 같은 몽환적인 착각 속에 빠진다. 파도하나 없이 잔잔한 바다는 유유자적 고요하여 더 아름답고 만만해 보였다.

그렇게 원했던 경치를 실컷 보고 난 뒤에야 배 안의 동정도 살피게 되었다. 주방에서 생선회를 떠 내오는가 하면 노래방도 갖추어져 관광객의 흥을 돋워 준다. 짝꿍과 함께 자리 잡은 입구 쪽 탁자 위에 어느새 진주목걸이, 팔찌, 반지 같은 액세서리들이 즐비한 좌판을 벌여 놓고 있다. 중년의 여자는 까무잡잡한 피부에 깡마른 체격으로 보아 한국말을 곧잘 하는 베트남 사람이다.

진주는 내가 무척 좋아하는지라 약혼반지도 진주로 받을 만치 선호했다. 화려하지 않으나 순결하며 우아하고 기품이 느껴지는 보석이다. 이제 바다는 뒷전이요, 진주에 혹했다. 여자는 양식진주라며 "싸다. 싸다."를 연발했지만 그렇게 보아서 그런지 싼 게 비지떡이라고 세팅이 고급스럽지 못했다. 그동안 사들인 진주 목걸이며 팔찌도 몇 개 되고 보니 그것들을 떠올리며 사지 않겠다고 마음을 다져 먹었다.

여자는 양식진주라는 것을 강조하며 귀걸이 알을 깨물어 보라며 내 입에 갖다 대준다. 하도 간곡하니 체면상 깨물어 보았더니 입자가 까끌까끌 느껴지는 게 양식진주가 틀림없었다. 심드렁해하는 내가 답답했던지 여자는 내 손바닥보다 훨씬 큰 조개껍데기를 내 앞에 내밀었다. 단단한 조개껍데기의 겉은 연한 무지개 색을 띠며 기하학적 무늬로 결을 보여준다. 매끄러운 질감에 고상하고 멋스럽게 타원형을 그리고 있다. 안쪽은 그보다 좀 더 짙은 색깔에 자개농을 연상케 하는 혼재된 무지개색깔인데 진주가 6개나 박혀있다. 작은 것까지 치면 열 개는 되었다. 콩알만 한 것 팥알만 한 것이 볼록볼록 튀어나와 꽃다발처럼 자연스럽게 흩어져 배치되었다. 이물질이 들어가 자연적인 핵을 만든 것인지 아니면 인공으로 핵을 넣어 커가고 있던 것인지 알 수 없다. 여인은 자기가 파는 물건들이 양식진주라는 것을 역설하고 있었지만 눈치로 알 뿐 알아들을 수는 없었다.

나는 좌판의 물건에는 관심이 별로 없고 그 진주를 품은 조개껍데기에 마음이 꽂혔다. 이걸 얼마에 팔겠느냐고 했더니 파는 물건이 아니고 손님들에게 보여주는 물건이라며 전혀 팔 생각이 없는 눈치다.

여인의 마음을 움직여 보려고 귀고리도 한 쌍 샀다. 그래도 요지부동이다. 후퇴하는 척 물러나 동행한 한국인 가이드에게 흥정을 부탁했다. 가이드 말에도 도리질만 해댔다. 만 원짜리 한 장을 가이드에게 쥐어 주며 빼앗다시피 하여 간신히 내 가방에 넣을 수 있었다.

생각해보면 진주가 되지도 못한 미완성의 물건에 내가 왜 이렇게 현혹되는지 모를 일이었다. 진주 양식장에 가면 집어 내 버릴 물건인지도 모르지만 자연 그대로의 모습이 좋았고, 내가 이런 물건을 찾아 나설 일도 못되니 이것도 무슨 연이 닿아서 내 물건이 되었지 싶다.

돈이 아깝지 않았다. 집에 와서 받침대를 괴어 거실장 위에 세워 놓고는 흐뭇한 마음으로 바라본다. 볼록한 돌출부 위에 면도칼로 금을 그으면 콩알만 한 진주가 톡 튀어 나올 것만 같다. 그뿐 아니라 서기가 어린 조개껍데기를 보고 또 보아도 싫증이 나질 않는다.

이 조개의 나이는 몇 살이나 되었을까. 겉껍데기의 나이테 같은 줄을 세어 보면 적어도 쉰 살은 넘지 않을까 싶지만 모를 일이다. 하롱베이의 푸른 바다 속에서 무슨 꿈을 꾸며 살았을까. 아리고 쓰린 아픔을 참아가면서도 그것이 동그란 진주로 완성되기를 염원하며 살았을까. 천연진주는 희귀하니 핵을 넣어 진주가 되게 하는 인간들의 행위가 얼마나 잔인한 일인가. 내 가슴속이 아린 듯하다. 조개들은 그 아픔이 진주가 되는 날 진주를 인간들에게 빼앗기고 얼마나 허전하고 허무할까.

모든 살아있는 것은 아픔을 겪으며 살아간다. 작은 미물인 개미 한 마리로 태어난다 해도 어디에 정착하여 어떻게 종족을 보존할 것이며, 적으로부터의 침범을 막아내고 천재지변을 견디어내기 위해 안간힘을 쓴다. 하물며 사람으로 태어나서 아프지 않고 살아갈 자가 누구이겠는가. 그 아픔을 이겨내기 위해 사람들은 자기 나름의 취미나 예술을 품고 반추하며 살아간다.

나는 이 나이 먹도록 무엇을 품었던가. 문학의 길에서 영롱한 진주를 꿈꾸었지만 가당치도 않은 일이었다. 자의든 타의든 진주를 품었으나 완성하지 못하고 어느 날 생을 마감하고 내 집 거실에 놓여있는 조개의 모습에서 미완성의 초라한 나를 본다. 하지만 완성이란 끝을 뜻하기도 하니 저 조개처럼 영롱한 진주를 가슴에 품는 것으로 위로를 삼으련다. 인생은 어차피 미완성이 아니던가.

(2017.)

축복일까 재앙일까

왕주량(王久良)의 의식의 날갯짓이
'나비효과(Butterfly Effect)'를 낸 것이다.
미국의 기상학자 에드워드 N 로렌츠가
처음으로 발표한 이론이지만
일반적으로는 작고 사소한 사건 하나가
나중에 커다란 효과를 가져 온다는 의미로 쓰인다.
'베이징에서 나비 한 마리가 날개를 퍼덕임으로써
뉴욕에 폭풍우가 몰아칠 수 있다.'는 것이니
가볍고 연약한 나비의 날갯짓을
하찮은 것으로 보아서는 안 되는 것이다.

가슴 저린 후회

거실 소파 뒤에 걸려있는 사진 앞에 섰다. 이 사진을 찍은 것은 친정어머니 팔순 잔칫날이었다. 우리 6남매와 딸린 대식구가 모여 어머니를 모시고 도청 근처 식당에서 점심식사를 하고 나오는 길이었다. 마침 일요일이라 도청 정원(庭園)이 한산한데다 영산홍이 만발하여 온통 세상이 다 환해보였기에 그 꽃을 배경으로 가족 전체 사진을 찍었다. 그리고 어머니를 모시고 우리 딸들 셋이서 따로 찍은 사진이다.

그동안 수없이 사진을 찍었지만 어머니를 모시고 우리 딸들 셋이서 찍은 사진은 이것이 유일하다. 어느 날, 그때 사진을 찍었던 둘째 남동생이 이 사진을 확대하여 큼지막한 액자에 넣어가지고 들고 왔다. 영산홍 꽃밭 속에 넷이서 활짝 웃으며 찍은 사진이라 분위기가 화기애애하다며 좋아했다. 가운데 서신 어머니는 우리

세 자매보다 키가 훤칠하게 크셨는데 이미 팔순 노인이 되셔서 허리가 굽으셨으니 우리보다 작게 나왔다. 마음 같아서는 거실에 당장 걸고 싶었지만 남편에게 눈치가 보여 걸지 못하고 농틈에 넣어 두었다가 뒤늦게 걸린 사진이다.

어머니가 돌아가시고 나서 어느 여름날 여동생 둘이 우리 집에 왔고 우리는 그 사진 앞에 앉아 누가 사진이 잘 나왔네, 못나왔네 하며 수다를 떨고 있었다. 그때 내가 "이 사진 앞에만 서면 후회가 밀려와…."하는 바람에 갑자기 웃음이 싹 가시고 분위기는 냉랭해졌다.

"왜 어머니를 모시고 우리 셋이서 여행 한 번 못 가보고 바보같이 살았는지…."

"언니, 모든 여건이 닿질 않아서지 뭐. 우리 셋 다 직장에 있었고 어머니는 그때 이미 거동이 불편하셔서 마음 놓고 여행 다니실 체력이 안 됐어."

막냇동생이 애써 위로하는 말도 위로가 되질 못하고 자책하는 마음만 가득하니 나 자신이 한없이 작고 못나 보인다.

어느 해 여름 방학 때, 어머니께 우리 딸 셋과 여행을 떠나 보자고 말씀 드렸을 때 어머니는 손사래를 치시며 아버지 떼어 놓고 어딜 가느냐고 펄쩍 뛰셨다. 며느리에게 며칠 맡기면 안 되겠느냐는 내 말에 어머니는 젊을 때 안 다닌 곳 없이 다 다녀봤으니 그런 걱정일랑 말고 너희들이나 잘 다니라 하시니 더 이상 권하질 못했다.

자식들에게 조그만 부담도 주지 않으시려는 어머니 마음을 왜 모르겠는가. 아버지 돌아가시고 나니 어머니 체력은 바닥이 나서 바깥출입도 어려우셨다. 혼자 사시겠다는 고집을 누구도 꺾지 못했고, 요양사를 들이긴 했지만 끝까지 혼자 살다 가시게 한 것도 너무나 아픈 후회이다.

나는 제주도 어느 호텔방에서 아니면 어머니가 나를 처음 갖으셨다는 삼척의 어느 바닷가 조촐한 모텔 방에서 우리 삼형제가 뒹굴며 어머니를 즐겁게 해드리기 위해 갖은 애교를 다 떨며 어린애로 돌아간 그 밤의 해찰을 수없이 마음속으로 그려 보았었다. 서로 더 먹으라고 권하고, 어떤 흉을 잡아내도 한바탕 웃음으로 날려 보낼 수 있는 어느 누구보다도 살가운, 한 배에서 나온 우리 형제들을 앞에 놓고 어머니는 얼마나 즐거워하셨을까. 상상의 나래를 펴 보지만 상상으로만 끝난 허망한 꿈일 뿐이다.

이제 이 사진의 네 사람 중 두 사람만이 남았다. 어머니는 팔십구 세에 가셨고 어머니 옆에서 활짝 웃고 있는 가운데 동생도 이제 이 세상 사람이 아니다. 그애를 보낸 지 꼭 두 달이 되었는데도 실감이 나질 않는다. 예순다섯의 나이가 아깝고 참말 좋은 내 동생이어서 더 아깝다. 어머니 가시기 전에 그애가 암 선고를 받았지만 우리가 쉬쉬하여 어머니는 그 사실을 모르고 떠나신 게 그나마 효도였다는 생각이 든다.

동생은 나와 이웃하여 살았다. 차로 5분이면 닿는 거리였다.

“언니, 언니가 나갈 때는 창가에 흰 깃대를 꽂고, 들어오면 빨간 깃대를 꽂아. 그래야 언니가 집에 있는지 알지.”

그 가까운 거리만큼이나 그애와 난 소통하며 살았다. 나이차는 열 살이나 났지만 서로 찡그린 일 한 번 없었으며 서로 의지 했고, 남편이 간 후에는 더욱 의지하며 살았다. 그애도 나를 누구보다도 의지했다. 하지만 암 투병으로 고통 받는 동생에게 나는 마음뿐이지 어떤 도움도 되지 못했던 것 같아 가슴이 더 저리다.

계속되는 항암치료로 발바닥이 다 벗겨져 발갛게 살이 드러나 걸을 수조차 없던 일이며, 손톱 발톱이 다 녹아나서 형태만 남아 있는 그 고통 속에서도 그애는 내 마음이 아플까봐 의연한 척 티 내지 않으려고 얼마나 안간힘을 썼던가. 어찌 생각하면 이제 저세상 하늘나라에서는 그렇게 아픈 고통은 면했을 테니 차라리 다행이라는 생각까지 드니 참으로 아픈 8년의 세월이었다.

우리는 결국 다 같이 여행 한 번 못가고 만 못난이들이었다. 세상일이 어디 마음대로 될까만 그 많은 날들 속에 추억도 만들지 못하고 무엇에 쫓겨 살아왔는지 한심한 일이다.

그나마 되짚어 보면 그림 같은 한 장면이 나를 위로한다. 단풍이 온 세상을 곱게 물들이던 깊은 가을 날, 나는 혼자 계시는 어머니 댁에 일찌감치 차를 댔다. 그리고 꼼짝하기 싫다는 어머니를 강제로 태우다시피 하여 도심을 벗어나 어딘지도 모르는 시골 길을 무작정 달렸다.

어머니는 무심히 창밖을 내다보시고, 나는 "엄마. 저기 단풍 예쁘지? 저 호숫가에 은행나무 좀 봐."하며 어머니 기분을 맞춰 드리겠다고 수다를 떨며 돌아다니다 어느 낯선 동네에 닿아 점심 한 그릇 사드리고는 또 달렸다. 바깥출입이 어려우신 어머니께 내가 할 수 있는 최선의 방법이라고 생각했지만 어머니는 굽으신 등을 제대로 펴시지도 못하고 오히려 힘이 드시지나 않으셨는지….

"늙으니까 이쁜것도 다 소용없어야."

어머니의 가느다란 목소리만 사진 속에 머물러 있다.

(2017.)

나비, 나비 나비

'저 어마어마한 산더미, 첩첩의 산, 산, 산, 저것이 인간들이 만들어낸 쓰레기더미란 말인가.'

중국 산둥성에 사는 '이제'는 열한 살 소녀다. 내 손녀딸과 동갑이니 초등 4학년으로, 지금 고학년의 첫 단계를 밟으며 공부가 재미있지만 결코 쉽지 않다는 것을 깨달을 나이다. 하지만 그애는 학교에 가지 못한다. 그애 아버지는 쓰레기더미에서 일하는 일용직 노동자로 일당 우리 돈 7,500원으로 가족의 생계를 책임져야 하기 때문이다. '이제'는 태산처럼 쌓인 쓰레기더미 속에서 놀거나, 아버지 일을 도우며 때로는 버려진 장난감을 찾아 신기해하기도 한다.

'이제' 뿐 아니라 부모님도 그의 동생도 모두 이 쓰레기더미 속에서 먹고 자며, 아이들을 낳고 키우고 미래를 기약하며 살아간다. 플라스틱을 태울 때 나오는 지독한 연기와 그 땅의 물을 마시면서 사니, 쓰레기더미는 그들의 논밭이요 터전인 셈이다. 관절염으로 농사일이 어려운 아버지의 쓰레기 재활용 일은 그저 농사일보다 몸이 조금 덜 고되어 다행이라고 여길 뿐이다. 쓰레기를 태우는 시커먼 연기가 하늘을 뒤덮거나 강 속 물고기가 배를 드러내고 죽어가도 이들은 걱정하지 않는다. 그러면서 원인 모를 병에 시달린다.

중국의 왕주량(王久良) 감독이 연출해 2016년 선보인 다큐멘터리 영화 〈소료왕국(塑料王國)〉, 즉 '플라스틱 차이나'의 이야기다. 영화는 개봉과 함께 중국 전역에 충격을 가져왔을 뿐 아니라 세계 사람들의 이목을 집중시켰다. 중국인도 몰랐던 중국의 현실인 이 영화가 개방되자 중국은 고심 끝에 지난 7월 '더는 세계의 쓰레기통이 되지 않겠다.'고 선언하고 세계무역기구(WTO)에 폐자재 수입을 중단하겠다고 공지했다. 영화는 상영 금지되었지만 중국 내 환경운동으로 번져갔다.

2016년 중국은 730만 톤의 상상하기조차 어려운 폐플라스틱과 비닐을 수입했다. 금액으로는 37억 불에 달하며 세계 폐플라스틱, 비닐 수입량의 56%를 차지하는 규모라니 세계의 쓰레기통이 되고도 남았던 것이다. 바로 이런 모습이 지난 30년간 환경에 무지했던 국민들을 이용하여 쓰레기 산업으로 성장을 이룩한 중국의 민낯이다.

상황은 일파만파로 번져 우리나라는 물론 세계 각국의 쓰레기 대란을 가져왔다. 중국이 '소화'해 주지 않는 쓰레기는 각 지자체에 적체되어, 재활용 업체의 '비닐 수거 거부' 사태로 나타났다. 난항 끝에 비닐 분리수거가 재개됐으나, 모든 문제가 근본적으로 해결된 것은 아니라고 본다.

왕주량(王久良)의 의식의 날갯짓이 '나비효과(Butterfly Effect)'를 낸 것이다. 미국의 기상학자 에드워드 N 로렌츠가 처음으로 발표한 이론이지만 일반적으로는 작고 사소한 사건 하나가 나중에 커다란 효과를 가져 온다는 의미로 쓰인다. '베이징에서 나비 한 마리가 날개를 퍼덕임으로써 뉴욕에 폭풍우가 몰아칠 수 있다.'는 것이니 가볍고 연약한 나비의 날갯짓을 하찮은 것으로 보아서는 안 되는 것이다.

내 집에도 물건을 살 때마다 들여오는 비닐봉지가 지천이다. 또 내 집의 물건들을 살펴보면 플라스틱 소재가 아닌 것이 드물다. 플라스틱의 편리성만 추구했지 그 폐해에는 무관심했던 우리였다.

재작년에 여행했던 필리핀의 그 아름답고 청정하던 보라카이섬이 얼마나 좋았던가. 같이 간 친구와 방을 하나 얻어 한 달쯤 살아보자는 꿈을 꾸며 설렜던 그 섬이 각종 하수와 쓰레기에 오염되어 결국 당분간 폐쇄하기로 했다는 소식은 머리를 한 대 얻어맞은 듯 큰 충격이다.

태평양 한가운데에 페트병 같은 플라스틱이 주를 이루는 거대한 쓰레기 섬이 형성되어 있다는 사실은 전부터 알려졌었다. 최근에는 그 면적이 한반도의 7배 이상으로 커졌다는 보도를 들으면서 놀라지 않을 수 없었다.

또 큰 문제는 완전히 분해되는 데에 오랜 세월을 필요로 하는 플라스틱들이 잘게 부서지고 이를 먹이로 착각한 물고기와 바닷새, 동물들이 섭취하면서 그 피해가 결국은 인간에게 부메랑처럼 돌아오게 된다는 점이다.

비닐과 플라스틱은 내 어린 시절만 해도 모르고 살던 것이다. 150년 전만 해도 지구상에는 존재하지 않았던 물질이다. 그것의 폐해로 인하여 차후 인간의 생존마저 위협받고 있는 처지가 되었다.

하늘을 쳐다본다. 오늘은 미세먼지가 좋음 수준으로 하늘은 푸르고 쾌청하다. 하지만 내가 보는 것이 전부가 아니라니 놀랄 일이다. 미 항공우주국(NASA)에 따르면 현재 9,000개 정도의 우주쓰레기가 궤도를 돌고 있으며 이들의 전체 무게는 5,500톤에 달한다고 한다. 우주선에서 분리된 로켓, 가동 중이거나 수명이 다한 인공위성 등 우주인이 버린 도구나 우주선에서 나온 너트, 볼트 같은 것들이다. 우리나라에서 띄웠지만 이제는 공식 임무를 다하고 우주미아로 남은 아리랑 1호도 예정에 따라 47년 후 타버릴 때까지는 우주쓰레기 신세라니 기막힌 일이다.

우리는 지구를 빌려 쓰고 자손들에게 물려주어야 할 임무를 수행해야 하는데 땅도 바다도 하늘도 어디든 쓰레기로 뒤덮인 형편이니 어찌해야 좋단 말인가.

왕주량(王久良)의 다큐멘터리 영화 한 편은 작은 나비의 날갯짓에 불과했으나 전 세계에 경종을 울리는 효과를 가져왔다. 그래서 지금 세계는 '플라스틱과의 전쟁'중이다.

(2018.)

다듬잇돌 이야기

아침 햇살이 따갑습니다. 눈이 부셔 손차양을 하고 주일 미사를 보러 성당으로 가는 길이었어요. 동네 단골 쌀집 앞을 지날 때 내 눈이 번쩍 띄었어요. 건너편 쓰레기장에 새침하게 생긴 다듬잇돌이 얌전하게 놓여 있었기 때문이지요. 두 번 생각할 것도 없이 다가가 다듬잇돌을 살펴보았지만 어디 한군데 깨지거나 흠집이 난 곳도 없이 멀쩡했지요.

주변을 한 번 둘러보았지만 아무도 보는 사람은 없었어요. 다듬잇돌을 번쩍 들어 보았더니 무겁긴 해도 어렵지 않게 들렸습니다. 친정집에 있던 다듬잇돌과 꼭 닮은 낯익은 것이었어요. 잠깐 망설이긴 했지만 쓰레기장에 버려진 것이니 누가 뭐라 하겠는가 싶었지요. 미사시간에 늦지 않으려면 서둘러야겠다며 막 돌아서 집으로 향하는데 마침 쌀집 아줌마가 빗자루를 들고 나오다가 목례를 하는 게 아니겠어요. 나는 무슨 못할 일을 하다 들킨 사람처럼 놀랐습니다. 아줌마는 다듬잇돌을 힘겹게 들고 그 위에 성당가방을 올려놓고 서 있는 내 모습을 아래위로 훑어보며 상황 파악을 하려는 듯 도끼눈을 뜨고 서 있습니다. 나도 모르게 묻지도 않는 말을 건넸지요.

"누가 이걸 버렸네요. 혹시 찾는 사람이 있으면 제가 가져갔다고 알려주세요."아줌마는 "예"라는 짧은 한마디를 건너고는 내가 비척거리며 가는 모습을 바라보고 서있습니다.

무거운 돌덩이를 들고 500m는 좀 넘을 길을 되짚어 오자니 정말 힘이 들었지요. 몸은 균형 잡기가 어려워 다리가 꼬이기도 하고 비틀거리기도 했지요. 가까스로 내 집 앞에 올 때까지 만난 사람이 없어 다행이었어요. 대문 안에 들어서자 휴- 한숨이 나왔어요. 그 때 우리 집은 아래층에 가게 가 있고 우리는 2층에 살고 있었으니 계단을 올라갈 일이 까마득했지만 시간이 없으니 서둘러 올라가 현관 문 옆에 두고 되돌아섰지요. 너무 힘이 들어 가슴이 콩닥거리고 숨이 찼지만 웬 횡재냐 싶었지요.

성당에서 돌아오자마자 거실 한쪽에 놓고 깨끗이 닦아주자니 또드락또드락 어머니의 다듬이질 소리가 들리는 듯합니다. 청량하며 정겨운 그 소리 말입니다. 입가에 미소가 피어나고 마음은 고향집으로 달려갑니다. 내 앨범 속에 끼어 있는 사진 한 장도 떠오릅니다. 엄마와 이모가 마주 앉아 다듬이질 삼매경이고, 어린 나는 마루 끝에 앉아 밀짚으로 여치 집을 만들고 있는 사진인데 누가 이 사진을 찍었는지 아무리 생각해도 알 수가 없습니다. 흐뭇하고 기분 좋아 콧노래가 절로 나왔지요.

오후 4시쯤 되었을까요. 밖에서 인기척이 있기에 나갔더니 쪽 찐 낯선 아주머니가 서 있습니다. 알고 보니 다듬잇돌을 버린 사람인데 아들한테 지청구를 맞고 찾아 나섰다는 것입니다. 두 말할 필요가 없이 내주었지요. 단 몇 시간을 머물다간 그 물건은 나와 연이 닿질 않는 물건이었겠지요. 욕심을 냈던 내 행동을 두고 남편은 어디서 그런 기운이 났느냐고 놀려대며 빈정거리기만 했지요. 그 씁쓸한 기분을 뭐라고 표현할까요. 40대 초반에 있었던 까마득한 일입니다.

글 모임에서 이 얘기를 하며 한바탕 웃고 난 뒤에 후배가 슬쩍 내게 다가와 집에 다듬잇돌이 두 개 있으니 한 개를 주겠다며 눈을 찡긋했지요. 이게 또 무슨 횡재인가 싶어 기쁜 마음을 애써 감추며 집으로 돌아오자마자 후배에게 전화를 돌렸지요. 정말 다듬잇돌을 줄 거냐고 의중을 떠 보았더니 아무 때고 시간 있을 때 들르라며 선선히 대답하네요. 다듬잇돌을 얻는 것도 기쁘지만 후배의 마음씀씀이가 무엇보다도 더 기분 좋았지요.

후배네 집은 가 본 일은 없지만 짐작으로 우리 집에서 치면 끝에서 끝일만치 멀었지요. 문제는 그 다듬잇돌을 그냥 받을 수는 없다는 것이었어요. 돈 봉투를 내밀 사이도 아니고 그렇다면 무엇을 사갈 것인가 얼른 답이 나오질 않았지요. 남편은 왜 그런 걸 욕심내느냐며 심드렁할 뿐 전혀 협조적이지 않았지요. 차일피일 미루며 세월이 갔고 그 후배를 만나면 다듬잇돌이 떠올랐지만 후배가 생각하는 그 물건의 가치를 모르기에 잘 못하면 인색한 사람이 될 수도 있으니 여간 조심스러운 게 아니었지요. 한 번 그 다듬잇돌의 안부를 묻기는 했지만 망설이다 세월은 또 많이도 흘렀습니다.

나는 그동안 아파트로 이사를 했고 분주하게 살면서 다듬잇돌은 까마득히 잊고 있었지요. 어느 날 우리 성당 가는 골목길에 인테리어 가게가 들어왔어요. 젊은 남자가 주인인 듯 싶은데 가게 앞에 에어컨 실외기가 놓이고 그 옆에 다듬잇돌이 동그마니 놓여 있는 게 눈에 번쩍 띄었지요. 장식용인지 아니면 팔려고 내놓은 건지 알 수가 없지만요. 또 내 욕심이 발동하기 시작했어요. 성당에 오며가며 눈독을 들였지요. 주인에게 얼마에 팔겠느냐고 흥정을 해 볼까도 생각했지만 주인을 만날 수가 없었지요.

몇 달 후에 그 가게는 폐업하다시피 했고, 설상가상으로 장마가 지고 태풍이 불자 그 집 옆에 쌓아놓은 자재들은 쓰러지고 엎어져 엉망진창이 되었지요. 다듬잇돌은 그 자재더미 밑에 깔려 숨도 제대로 못 쉬고 천덕꾸러기가 되었지만 주인은 어딜 갔는지 코빼기도 보이질 않았지요. 마음 같아서는 그 다듬잇돌을 쑥 빼다가 우리 집 거실에 놓고 싶었지만 어림도 없는 얘기지요. 두어 달이

지나 주인은 돌아왔고 가게는 다시 정비가 되었지만 기가 막힌 것은 이제 다듬잇돌은 실외기 밑에 받침돌이 되어 그 무거운 것을 떠받치고 있는 처량한 신세가 되어있다는 것이지요.

그런데 이상한 것은 이제 그 다듬잇돌을 그냥 준대도 선뜻 받아올 생각이 없다는 거지요. 망 팔십의 나이에 내 집에 물건을 들인다는 게 내키지 않을 만치 나는 욕심이 없어졌다는 말이지요. 이제 철이 든 것일까요.

내가 지금 다듬이질을 할리는 만무하지만 그 정겨운 소리가 좋았고, 어머니, 이모, 큰어머니, 외할머니 같은 이 세상에 없는 분들과의 추억을 반추할 수 있는 옛 물건이기에 그토록 갖고 싶었지 않나 싶네요. 이제 바라는 것은 점점 흐려져 가는 기억속에서 다듬이소리와 옛 사람들에 대한 기억이 더 멀어지지 않기를 소원할 뿐입니다.

(2018.)

축복일까 재앙일까

흑장미 빛깔의 승용차가 내 앞에 대령해 있다. 기분 좋게 차에 오른다. 자리에 앉자 음악이 흐르고, 나는 부산에 있는 친구 집주소를 명령한다. 출발하겠다는 멘트와 함께 차는 미끄러지듯 주차장을 빠져나와 고속도로를 쾌적하게 달린다. 어제 읽던 시집을 꺼내 읽다 차창 밖을 내다보니 하늘이 바다처럼 푸르다. 좋은 영화 한 편 감상하며 가야겠다. 운전하지 않아도 잘도 달리는 무인자동차를 타고 부산으로 달리는 내 모습을 상상해 본 것이다.

무인자동차가 우리나라에서도 고속도로 시험주행에 성공했다. 서울대 연구팀이 개발한 차가 고속도로로 진입해 40km를 달렸는데 운전석에 사람이 앉기만 했을 뿐 자율주행 프로그램이 알아서 운전한다. 스스로 차량 흐름에 따라 자연스럽게 차선을 바꾸고 앞뒤 차량 간격도 알아서 척척 이라니 늘 위험을 느끼며 운전하는 내 운전 실력도 이제 걱정 끝이 될 날도 머지않았다는 희망이 보인다. 서울대 연구팀은 2020년 까지 모든 구간을 자율주행으로 달릴 수 있도록 무인차를 발전시킬 계획이라니 불과 몇 년 후면 나도 무인자동차를 탈 수 있을 것인가 기대해 본다.

세계 최대 차량 공유 서비스 업체 우버(Uber)가 펜실베이니아주 피츠버그에서 무인자동차 시험 운영을 실시했다고 한다. 빠르면 오는 7월에 미국 도로교통 안전국이 무인자동차 운행허가법안을 통과시킬 것으로 예상되고, 앞으로 급격한 자동차 산업의 변화가 찾아올 것으로 보인다. 하긴 몇 년 전만 해도 스마트폰이 지금처럼 발달하리라고 누가 예상이나 했던가.

인공지능(AI) 알파고가 바둑으로 이세돌 9단을 꺾고 명예 프로 9단 단증까지 받은 이후 AI의 활동 영역이 빠르게 확산되고 있다. 이제 사람들의 관심은 인공지능에 쏠리고 '4차 산업혁명'이라는 새로운 세계를 내다보며 놀라운 일들이 벌어지고 있다.

인간만이 할 수 있다고 생각했던 법률서비스에 도전하는 AI가 등장했다. 100년 역사를 가진 뉴욕의 대형 로펌 베이커앤드호스테틀러가 최근 미국의 스타트업 로스인텔리전스가 개발한 AI 변호사 로스(ROSS)를 취업시켰다는 외신보도가 있었다. 충격이 아닐 수 없다.

로스는 사람의 일상 언어를 이해하고 초당 10억 장의 법률문서를 분석해 질문에 맞는 답변을 만들어 낸다니 놀랍지 않은가. 미국인들도 80% 이상이 변호사가 필요하지만 형편이 어려워 고용하지 못한다. 변호사들은 전체 시간의 30%를 자료 조사에 소비하는데 로스를 이용하면 변호사들이 짧은 시간에 더 많은 일을 할 수 있게 돼 많은 사람이 혜택을 볼 수 있다니 반가운 일이다.

법률서비스에 AI를 도입하려는 시도는 국내에서도 이뤄지고 있다. 인텔리콘 메타연구소는 5년 연구 끝에 지난해 지능형 법률정보시스템 아이리스(i-LIS)개발에 성공했다. 내년에 시범서비스를 시작해 이르면 2020년 상용화할 계획이란다. 아이리스를 활용하면 일반인도 변호사에게 자문하는 것과 비슷한 결과를 얻을 수 있을 것이라니 기대해 볼만 하다. 하지만 AI의 역할이 커지면 변호사의 입지는 좁아질 것은 뻔한 일이다.

4차 산업혁명이 오면 제일 먼저 사라질 직업이 법조인이란다. 법도 창의적, 창조적이 아니면 살아남기 어렵다는 것이다. 법적, 윤리적 문제만 해결된다면 5~10년 사이에 법정에서 AI 변호사를 활용해 소송을 진행하고 로봇 재판장이 판결하는 시대가 될 것으로 전망되니 흥미로운 일이기도 하다.

그 뿐인가. '캡션봇', 에스원의 CCTV, 중장기, 예술분야, 빅데이터 분석, 범죄자 식별, 게임 등 AI는 우리 생활 곳곳을 파고들고 있다. 지난 1월 발간된 '유엔 미래보고서 2045'는 30년 후 AI에 대체될 위험성이 큰 직업으로 의사, 번역가, 회계사, 변호사를 꼽았다. 한국고용정보원은 국내 주요 직업 406개 중 콘크리트공,

정육, 도축원, 고무 · 플라스틱 제품 조립원, 청원경찰, 조세 행정 사무원 등이 AI와 로봇으로 대체될 수 있다고 발표했다.

무인자동차처럼 AI가 인간의 삶을 편리하게 해 주는 반면 일자리를 빼앗는 것은 물론 인간을 공격하거나 지배할 수 있다는 우려가 고개를 들며 부정적 영향에 대한 우려도 커지고 있다. 일자리 부족으로 청년실업이 우리의 큰 걱정거리인데 AI는 벌써 의학과 기상, 법률상담 등 고차원적인 분야에서 인간을 일부 대체하고 있어 인간보다 더 똑똑한 로봇이 나올 것이라는 관측을 한다.

AI의 개발이 축복이 될 것인가 위협이 될 것인가. 인간이 인간의 두뇌를 뛰어넘는 인공지능 개발은 흥미롭고 신기하지만 엄청난 재앙이 될 수도 있으니 참으로 신중해야 할 문제임에는 틀림없다.

(2016.)

진주반지

진주 반지를 꺼냈다. 오랜만이다. 한동안 끼지 않았더니 손마디가 더 굵어졌는지 가운데 손가락 둘째마디에서 걸려 잘 들어가지 않는다. 억지로 밀어 넣었더니 간신히 들어가긴 했지만 빠듯하다. 굽이굽이 살아온 고달픈 세월에 마디는 굵어지고 윤기 없는 손에 힘줄만 불거졌으니 내 손이 아닌 듯 낯설다. 이 반지도 주인을 잘못 찾은 건 아닐까 하고 착각하지나 않을지.

까만 정장에 잘 어울렸다. 이 반지를 찾아 만나는 것은 오늘이 바로 남편의 1주기를 맞는 날이기 때문이다. 마흔네 해를 함께 살고 그는 돌아갔다. 벌써 그렇듯 세월이 흘렀단 말인가. 44년 세월도 흘려 놓고 보니 책장을 후루룩 넘기듯 작은 부피로밖에 느껴지지 않다니….

이 진주반지는 내 약혼반지다. 크지도 무겁지도 않은 이 반지가 오늘따라 천근의 무게로 느껴진다. 위령미사를 보고 산소에 가서 그를 만나는 오늘, 의무이기라도 하듯 이 반지를 끼고 싶었다.

남편은 약혼식을 앞세워 놓고 예물로 무슨 반지를 해주면 좋겠느냐고 물었다. 나는 여자라면 다 좋아한다는 보석에 대하여는 아주 숙맥이나 다름없었다. 값비싸다는 다이아반지에도 별 관심이 없을 만치 순진했다.

선뜻 대답을 못하고 집에 돌아와 어느 여성잡지의 부록으로 나온 보석에 대한 얄팍한 책자를 꺼내 놓고 사진을 보고 고르느라고 밤잠을 설쳤다. 사진이지만 보석들의 광채가 빛났다. 다이아몬드, 사파이어, 오팔 같은 것들이 반짝였지만 나는 영롱하게 그러나 결코 현란하지 않고 그 빛을 안으로 간직한 진주를 골랐다. 사진의 진주는 먼 하늘의 노을빛 같은 연하고 신비스러운 분홍빛을 띠고 있는 것이 마음에 끌렸다.

그때만 해도 다이아는 희귀한 물건이었다. 값비싼 것은 내게 가당치도 않다고 생각했고 가난한 그의 처지를 배려하는 마음도 없지 않았다. 진주반지에 마음이 간 것은 어쩌면 내 어린 시절 어머니가 끼시던 진주반지가 눈에 익었기 때문이었을지도 모른다.

그가 예물로 건네준 이 반지를 처음 대했을 때 반할 만치 마음에 쏙 들었다. 사진에서 본 분홍빛이 아닌 유백색을 띠었다. 햇빛을 받으면 무지갯빛이 은은하여 더 마음에 들었다. 콩알만 한 것이 어디하나 비뚤어진 데 없이 완전히 동글고 앙증맞으면서도 기품이 있었다. 백금으로 다섯 잎의 꽃받침을 돌리고 그 위에 진주를 올려놓아 한 송이 작은 꽃을 피웠다. 이 진주처럼 모진 데 없고, 은은하고 속 깊어 기품 있는 사랑을 염원했다.

나는 이 반지를 무척 아꼈다. 특별한 날이 아니면 끼지 않고 서랍 깊숙이 숨겨 두는 일이 더 많았다. 규중 규수마냥 들어앉아 있다가 가끔씩 햇빛을 보곤 했으니 얼마나 외로웠겠는가. 내 생활이 한유하게 몸치장하고 가꿀 만치 여유롭지도 못했지만 혹여 반지에 손상이 갈까 걱정해서였다. 진주는 불을 가까이 해서는 안 되며 온천에 갈 때는 절대로 끼면 안 된다는 둥 진주의 보관법에 대하여 꿰뚫었다. 지금도 내 재산목록 1호는 이 반지다. 그동안 이런저런 반지도 몇 개 장만했지만 이만큼 애착이 가는 것은 아직 없다.

첫아이를 낳고 친정집 문간방에서 친정살이를 할 때였다. 식모라 하여 일하는 아이를 두고 살았다. 식모 구하기가 쉽지 않았으니 여기저기 수소문하여 열세 살 어린 것을 데려왔다. 어느 깊은 산골아이라고 했다. 나이도 어렸지만 조신하지도 못한 철부지였으니 아기를 맡기고 출근하자면 마음이 놓이지 않았다. 아이는 우리 집에 온 지 사흘 만에 자는 아기를 놔둔 채 도망쳤다. 씁쓸했지만 어쩔 도리가 없었다.

저녁에 누워 사람 구할 일로 걱정이 태산 같았는데 문득 숨겨

둔 반지 생각이 스쳤다. 그 아이가 온 후로는 그 반지를 꺼낸 적이 없었으니 잘 있으려니 하며 화장대 서랍을 뺐다. 그런데 당연히 있어야 할 반지가 없다. 눈앞이 캄캄했다. 그때 나는 반지를 마땅히 숨길 데가 없어 화장대의 작은 서랍을 빼내면 그 안쪽으로 조그만 공간이 있었다. 안성맞춤이라고 생각되어 거기에 숨겨두었는데 정말 알 수 없는 일이다. 그 애가 어떻게 그 반지를 찾아냈단 말인가. 가슴이 둥당거렸다. 도둑은 돈 냄새를 맡는다더니 그 어린 것이 한심했다.

그 밤에 소개해준 사람을 찾아가 아이의 집을 수소문할밖에. 그 반지가 약혼반지라는 의미 때문에 어떤 일이 있어도 꼭 찾아야만 했다. 버스도 닿지 않는 오지를 출근하는 나대신 다녀오신 어머니는 며칠을 앓아누울 만치 고생하셨다. 우여곡절 끝에 그 반지를 되찾았을 때 나는 죽은 사람이라도 살아 온 듯 반갑기 그지없었다. 아이는 그 반지의 값이나 의미를 알 턱이 없었으니 그저 대수롭지 않게 바지주머니에 넣고 갔다니 혹여 그 반지가 길에라도 떨어졌더라면 어쩔 뻔했는가. 아찔하다. 그애가 가져가지 않았다고 끝까지 잡아뗐다면 영영 못 찾을 물건이었다. 그 후 그 반지는 더 귀한 대접을 받았다.

약혼의 의미를 되짚어 본다. 이 반지에 둔 의미처럼 결혼을 약속한다는 의무를 우리는 잘 지켰고 마흔네 해를 함께 성실하게 살았다. 이 반지가 겪었던 수난만치 고비가 없었던 것도 아니지만

이 반지에게 부끄럽지 않을 만치 떳떳하다고 할까. 어쩌면 우리 두 사람의 노력도 노력이지만 이 반지가 우리의 약속을 지킬 수 있도록 지킴이로서의 역할을 톡톡히 해준 것이 아니겠는가.

반지를 가만히 들여다보고 있으면 푸르던 날의 우리 모습과 추억들이 고스란히 담겨있고 주고받던 말들이 되살아난다. 오늘 이 반지를 다시 끼는 것은 앞으로도 우리의 약속은 유효하다는 것을 남편에게 다시 말해주고 싶기 때문이다.

나는 오래도록 이 반지를 간직할 것이며 무덤까지도 가지고 갈 것이다.

(2013.)

그 겨울의 피난길

하늘은 차일이라도 친 듯 낮게 내려앉았고 간간히 눈발이 날렸다. 살을 에는 매운바람도 아랑곳없다는 듯 엄마와 외할머니는 새벽부터 분주하셨다. 아침상을 물리자마자 절구에 쌀을 빻아 시루에 백설기를 안치셨다. 나는 쌀가루를 개어 시루 본을 붙이는 어머니를 도왔다. 내가 간신히 붙여 놓은 시루 본이 옆구리가 터져서 '푸우푸우' 바람 빠지는 소리가 나는데도 어머니는 전과 다르게 아무 말씀도 없이 다시 붙이시면서 입을 꼭 다무셨다.

간간이 먼 데서 대포소리가 들렸고 어머니의 손놀림은 빨라졌다. 궁금한 게 많았지만 어머니께 말을 붙일 분위기가 아니었다. 내일이면 또 피난을 떠난다니 가슴은 불안감으로 가득 찼나. 외할머니는 내청 시장 엿집에서 엿을 한 광주리 켜 오셨다. 저녁에 등잔불 밑에서 낮에 끊어다 놓은 광목으로 나와 동생이 지고 갈

배낭을 만드셨다. 거기에 백설기 덩어리, 엿, 깨소금을 넣으셨다. 그리고 비상금은 입고 갈 내의 옆구리에 착착 접어 넣고 입구도 없이 사방을 꼭꼭 감쳐 꿰매셨다. 가족들을 잃어버린 비상시에만 뜯어서 쓰라는 당부의 말씀도 잊지 않으셨다. 내일 아침 일찍 외갓집을 떠나 어머니가 어릴 적에 살던 고향 '상주'로 피난을 떠난다는 것이다.

내가 10살 때 6·25가 났다. 어머니는 서른이고 이모는 혼기를 앞둔 스물두 살 처녀였다. 아버지는 보국대로 나가시고 엄마와 외할머니, 이모, 두 동생들과 나, 여섯 식구나 되었지만 남자는 어린 동생뿐이었다. 여름 피난 때(6 · 25) 충주에서 외갓집인 엄정면으로 피난 와서 겪은 그 끔찍한 기억만으로도 소름이 돋고, 폭격기의 굉음소리가 자지러지도록 싫었는데 또 피난을 떠난다니 입맛이 뚝 떨어졌다.

이른 새벽, 안개가 걷히기도 전에 우리는 집을 떠났다. 이불짐은 외할머니 몫이었고 어린 동생은 어머니가 업고, 여섯 살 동생은 걸려야만 했다. 장터로 나가니 면사무소 앞에 피난민 행렬이 길게 줄을 이었다. 바마루고개를 넘어 어딘지도 모르는 들길, 산길을 걷고 또 걸어갔다.

괴산 목도에 이르렀을 때다. 강은 꽁꽁 얼어있었고 강 한가운데로 사람들의 발자국이 지렁이처럼 길을 내고 있었다. 미끄러질까 조심하며 살금살금 걷는데 저만치 앞에서는 사람들이 떼로 몰려

웅성거렸다. 얼음이 깨져 소가 강물에 풍덩 빠져 버린 것이다. 소 잔등에는 이불이며 가재도구가 잔뜩 실려 있었다. 큰 황소는 밖으로 나오려고 얼음을 디디면 다시 깨져 빠져들고 얼음 구멍은 점점 커져갔다. 소 주인은 발을 동동 굴렀고, 사람들은 둘러서서 혀를 찼지만 이러지도 저러지도 못했다. 소는 얼마나 놀라고 무서웠을까. 그 소를 두고 갈 수도, 데리고 갈 수도 없는 진퇴양난인 것을….

한없이 보고 서 있을 수도 없으니 우리는 길을 재촉했다. 폭격기가 쌩하고 날면 논둑에 납작 엎드렸다. 조명탄이 터지고 총소리가 빗발치던 여름 피난 때의 공포가 스멀스멀 되살아났다.

하루 종일 걸어서 어느 마을에 당도했을 때는 해가 지고 땅거미가 내렸다. 다리는 아프고 배는 고파 지쳐서 자꾸만 주저앉았다. 집 생각이 났다. 집집마다 피난민들이 진을 치고 있었지만, 우리는 방 차지도, 부엌 차지도 하지 못하여 외양간 옆 헛간에 멍석을 깔고 잠자리를 마련해야만 했다. 할머니는 들기름을 구해와 작은 사기그릇에 붓고 문종이를 꼬아 심지를 올려서 불을 켰다. 어찌어찌 저녁을 지었고 집주인은 피난 나가고 없는데 객들이 김치 광에서 누렇게 잘 익은 김치를 마음대로 꺼내다 먹었다. 그때 그 시골집 김치 맛은 지금도 잊지 못할 만치 일품이었다. 우리가 자는 옆에서는 소가 가쁘게 허연 숨을 토해내고 움직일 때마다, 워낭소리가 쩔렁거렸다. 하룻밤 묵어 갈 수 있는 외양간이나마 차지한 것도 다행이었다.

어느날은 방안에 사람들이 콩나물시루처럼 꼭 박혀 앉아서 잤고, 새벽이면 입김에 문창호지는 떨어져 나가고 문살만 남았다. 부엌바닥에 보릿짚을 깔고 자는 사람도 있었고 부뚜막에서 자는 이도 있었다.

날이 샐 새 없이 또 남으로 남으로 걷지 않으면 안 되었다. 신작로 가득 이고 진 사람들이 떠밀려갔다. 내 발목은 사흘을 걷고 나니 퉁퉁 부어올랐고, 발가락이 아파 절뚝이며 간신히 걸었다. 손등은 찬바람에 터져서 피가 났고 발은 꽁꽁 얼어 감각도 없으니 마치 돌덩이가 걷는 것처럼 무감각하니 자꾸만 옆으로 쓰러졌다. 바람은 매서웠고, 아이를 잃어버린 엄마의 "순자야-!"소리가 허공중을 맴돌았다. 자꾸만 눈물이 나와서 볼은 조여오고 따끔거렸다.

어느 동네 입구에 다다랐을 때는 해가 저물어 서산에 노을이 붉었다. 큰 느티나무 밑에서 노파가 떡을 팔고 있었다. 그때쯤 배낭은 훌쭉하게 비어 있었으니 어머니는 그 떡을 사 주셨다. 콩을 부수어 얹은 편이 어찌나 구수하고 맛이 있던지 난 지금도 편을 보면 그때 생각이 나서 꼭 사 먹어 보지만 왠지 그 맛은 아니다. 그 마을 입구에서 본 황홀한 노을빛과 느티나무의 실루엣은 지금도 잊을 수가 없다.

우리는 꼬박 열흘을 걸어 상주 읍에 도착했고, 거기 어머니의 사촌인 당숙 댁에서 저녁 대접을 받고 아저씨가 소달구지에 우리 식구를 모두 싣고 큰외삼촌 댁으로 향했다. 날씨는 얼음장처럼 찬데 높은 하늘 한가운데 보름달이 휘영청 밝았다. 신작로 자갈길을 굴러가는 소달구지 소리가 고요한 밤에 지축을 흔들었다. 길가에 늘어선 미루나무가 기다랗게 그려 놓은 그림자를 부수며 달렸다. 나는 친척을 만난 안도감에 가슴을 쓸어 내렸다.

그 겨울 이후 66년, 긴 세월이 흘렀다. 열 살 어린 소녀는 흰머리 날리는 할머니가 되었지만 지금도 피난 가는 꿈을 꾼다. 아직도 통일은 멀었는가.

(2016.)

언니야, 이제 고마 집에 가자

-영화 '귀향'을 보고-

나이가 들고 보니 웬만한 일에는 크게 슬프지도, 크게 기쁘지도 않다. 그만큼 감수성이 무디어졌기 때문일까. 그러나 〈귀향〉을 보는 내내 나는 가슴으로 깊게 울었다. 눈물샘이 조절 기능을 잃은 듯 하염없이 눈물이 흘렀다.

〈귀향〉은 일본군 위안부 피해자를 다룬 영화라는 것쯤은 다 안다. 이용수 할머니와 강일출 할머니의 실화를 바탕으로 10대 소녀들이 강제로 끌려가 전쟁 성노예가 되고 죽임까지 당하는 내용들을 담았다. 영화는 "20만 명의 소녀가 끌려갔고 238명만이 돌아왔다. 그리고 현재 46명만 살아 있다."고 전한다. 하지만 이 영화 시사회를 하는 날 한 분이 또 가셔선 이제 마흔다섯 분만 남았다.

지금 막 피어나려고 입을 방싯거리는 목련꽃처럼 정민이는 순수하고 청순하기 이를 데 없는 열네 살 소녀였다. 그 어린 것, 세상물정이라고는 모르는 천진난만한 산골 소녀, 고운 댕기머리 땋아 내린 귀하디귀한 무남독녀 예쁜 외동딸이었다, 그 곱고 사랑스러운 것이, 인간이기를 포기한 일본군들에게 그렇게 무참히 짓밟히다 중국 땅에서 죽어 돌아오지 못한 것이 너무 안쓰럽고 분통이 터져서 울고 또 울었다. 못난 내 조상들이 불쌍하기도 하고 너무 못나서 울화가 치밀었다, 약소국가의 설움에 복받쳐, 한심하기 짝이 없어 또 눈물이 흘렀다.

1943년, 영문도 모른 채 일본군에게 강제로 끌려가 가족의 품을 떠난 열네 살 정민과 열다섯 열여섯의 그 또래 아이들이 당하는 고통이 지옥보다 더 하기에 내 살을 찢는 듯 너무 아프고 애처로웠다. 얼마나 집으로 돌아오고 싶었을지, 가까스로 살아 돌아온 소녀들은 어떻게 늙어갔는지 그 가슴 찢어지는 아픔이 너무 아려서 도저히 울음이 멈추어지질 않았다. 친구의 긴 한숨소리가 들리고 관객들의 훌쩍이는 소리가 감지되니 온 국민이 함께 울었다.

〈귀향〉은 조정래 감독이 14년간 긴 세월을 두고 제작한 작품이다. 대기업과 배급사의 투자 포기로 제작이 중단될 위기를 맞기도 했으나 시민 75,270명의 후원에 힘입어 순 제작비의 50% 이상인 총 12억여 원의 제작비조달에 참여한 기적이 더욱 이목을 집중

시키며 완성됐다. 출연한 배우들도 거의 재능기부 수준으로 출연료를 받지 않았다니 그 많은 후원자들의 작은 힘들이 모여 큰일을 해냈기에 더 의미가 있는 영화다. 상업적인 것을 목적으로 한 영화가 아니다.

조정래 감독이 지난 2002년 일본군 위안부 할머니 후원시설인 '나눔의 집'에 국악 봉사를 나갔다가 만나게 된 피해자 할머니들의 실화를 배경으로 써내려 간 이야기다. 위안부 할머님들의 실상을 듣고 많은 충격을 받았다는 조 감독. 이 이야기를 많은 사람들에게 알려야겠다는 마음에 영화 제작을 결심했다고 한다.

어쩌면 영화 〈귀향〉은 16세에 일본군에게 끌려가신 위안부 피해자 할머니의 그림으로 시작됐는지도 모른다. '나눔의 집'에서는 위안부 할머니들의 심리 치료를 위해 미술치료를 진행했는데 그 과정에서 그린 강일출 할머니의 '태워지는 처녀들'을 비롯한 그림들이 모티브가 되었던 것이다

강일출 할머니는 일본군에 끌려가 중국 목단강 위안소에서 온갖 험한 일을 겪던 중 병에 걸리게 된다. 병원에서 치료를 받게 해주겠다고 한 일본군의 말을 곧이듣고 다른 아픈 소녀들과 함께 트럭에 태워졌다. 소녀들이 도착한 곳은 병원이 아니고, 한국의 소녀들이 총살당하고 구덩이에서 휘발유를 뿌리고 쓰레기처럼 불태워지고 있는 것을 목격했다. 우여곡절 끝에 가까스로 탈출한다. 그 기억들이 그림으로 그려진 것이다.

이 영화를 보고나오며 내가 한 첫마디는 '우리 국민 모두가 꼭 봐야 할 영화'였다. 아니 전 세계 사람들이 다 보아야 한다. 그래서 일본의 만행과 그 실상을 모두 알아야 하지 않겠나. 일본 사람들도 꼭 보고 과거를 반성하고 진정한 사과를 해야 하지 않겠나.

〈귀향(鬼鄕)〉의 '귀'는 돌아갈 귀(歸) 자가 아닌 귀신 귀(鬼)자다. 이역만리 남의 땅에서 고통 속에 죽어간 우리의 어린 소녀들의 억울한 영령을 집으로 모시고자 하는 의지와 영혼이 고향으로 돌아온다는 의도를 담고 있다.

〈귀향〉은 관객수 350만을 넘어섰으며 미국, 일본, 독일 등 해외에서도 뜨거운 반응을 보이고 있다고 하니 참으로 다행이다. 10분이나 이어진 엔딩 크레디드를 끝까지 보며 그분들에게 감사했다.

일본군 '위안부'피해자 문제의 정의로운 해결을 목표로 국내외 학자 50여 명이 참여한 '일본군 위안부 연구회'가 공식 발족했다. 위안부 문제에 관심 있는 국내외 학자들과 연대해 여성인권, 전시폭력, 식민주의 청산 등을 아우르는 독립적인 연구회 활동을 이어가겠다고 하니 기대해 볼 일이다.

조국의 푸른 산하로 위안부들의 영혼이 나비 떼가 되어 날아오는 아름다운 영상이 아픈 가슴을 그나마 위로한다.

(2016.)

꿈엔들 잊힐리야

『넓은 벌 동쪽 끝으로 옛 이야기 지줄 대는 실개천이 휘돌아 나가고, 얼룩백기 황소가 해설피 금빛 게으른 울음을 우는 곳, 그 곳이 참하 꿈엔들 잊힐리야. 질화로에 재가 식어지면 빈-밭에 밤 바람 소리 말을 달리고, 엷은 졸음에 겨운 늙으신 아버지가 짚베개를 돋아 고이시는 곳, 그 곳이 차마 꿈엔들 잊힐리야….』

10월 상달, 하늘이 한없이 높고 푸르러 문득 고향이 그리워지던 날, 옥천을 향해 달리는 차안에는 이동원과 박인수가 번갈아 부르는 정지용의 〈향수〉가 그윽하게 울려 퍼진다,

도심을 벗어날수록 자연의 아름다움이 가까이 다가와 눈을 두는 데마다 단풍 곱게 수놓은 금수강산이다. 흠뻑 물이 든 샛노란 은행나무 가로수는 바람이 불적마다 포르르 시(詩)를 써내려 간다. 질세라 느티나무 가로수는 저마다 갖가지 색깔로 곱게 치장

하고 나와 가을을 합창하며 고향이 그리워 나그네된 이들을 반갑게 맞는다. 참으로 좋은 축복의 계절이다.

창으로 쏟아져 들어오는 가을 햇살은 따끈따끈하고, 넓은 벌 황금들판에는 벼들이 실하게 익어가고, 띄엄띄엄 이미 벼를 벤 빈 논들이 눈에 들어온다. 거기서 이삭 줍던 흰 옷 차림의 남루하나 선한 아낙들이 보일 듯하고 황소의 긴 울음소리가 들려 올 것만 같아 유정해진다. 이삭 줍는 일은 지금은 없어진 풍경이요, 황소울음 또한 들어본 지 언제던가.

우리를 태운 차는 정지용 생가 앞에서 멈추었다. 나직하니 정겨운 돌담과 조신하게 엎드린 초가지붕을 보는 것만으로 마음이 순해진다. 사립문을 들어서자 감나무에서 제물에 농익어 떨어진 홍시가 단내를 풍기며 발길에 차인다. 안채 옆구리에 우물은 이미 말랐지만 식솔들이 퍼올려 일용했던 생명수였을 테니 얼마나 신성한 곳이었겠나. 밤이면 별이 내려와 잠기고 가끔씩 초승달도 놀러왔을 곳이 세월에 떠밀려 뚜껑이 닫힌 채 침묵하고 있다. 햇살이 듬뿍 내려앉은 장독대며 세월이 묻어나는 돌절구, 나무절구가 시간을 100년 전으로 끌고 간다.

고즈넉한 뜰에 서니 마루에 놓인 다듬잇돌, 안방에 놓인 약을 달이던 풍로, 등잔, 약장, 책상들이 예사로 보이지 않는다. 시인이 일상으로 여겼을 그 물건들에 스쳐갔을 손길을 느끼며 시(詩)의 근원이 되었을 그것들이 말문을 열 듯하여 귀기울이며 쉽게 자리를 뜨지 못한다.

농사꾼이 아닌 약국집 아들 정지용 시인의 사진 속 눈매가 깐깐하면서도 예리해 보인다. 그래서 그는 안으로는 한없이 뜨거우면서 겉으로는 서늘한 시를 썼던 것일까. 이곳이 바로 국민의 시 〈향수〉를 낳고 절창의 아름다운 시(詩)의 씨앗들을 품었던 곳이니 문고리 하나도 무심히 보이지 않는다. 시인이 금방이라도 문을 열고 뚜벅뚜벅 걸어 나올 것만 같은 착각에 머리가 조아려진다.

열네 살에 집을 떠나 타향살이를 했으니 고향에 대한 그리움인들 얼마나 절절했으랴. 그래서 더 어릴 적 기억들을 진하게 작품 속에 녹여냈으리라. 열두 살 어린 나이에 결혼했다는 것 또한 지금의 우리에게는 쉽게 이해되지 않는 특이한 일이다.

생가를 나와 담 너머에 자리한 정지용문학관에 들어서니 100년의 시간을 다시 훌쩍 뛰어넘어 온 듯 현대적인 느낌이다. 정지용의 삶과 문학, 그가 살았던 시대적 배경, 현대시의 발전사가 한눈에 펼쳐진다. 독특한 언어와 신선하고 섬세한 묘사로 현대시의 경지를 새롭게 일구어 놓은 빛나는 업적 앞에 숙연해진다. 정 시인에게 추천을 받은 조지훈, 박목월, 박두진, 박남수, 이상, 윤동주 등 기라성 같은 시인들을 키워 낸 공로 또한 지대하다. 두루마기 입고 앉은 지용 시인의 동상 옆에 앉아 사진을 찍으며 그의 귓가에 대고 속삭인다. '당신으로 하여 우리는 행복합니다.'

문학관 앞 실개천은 예나 지금이나 여전히 휘돌아 나가고, 맑은 물에 파란하늘이 내려와 흰 구름이 유유히 흐른다. 개천가에 세운 철책에도, 청석교 난간에도 셀 수 없이 많은 시(詩)들이 감성을 일깨운다.

옥천은 가는 곳마다 시의 물결이다. 옥천역에, 음식점에, 마트에, 미용실에, 우체국에, 구멍가게에, 정미소에, 담벼락에 온통 시들로 넘쳐난다. 옥천 사람의 가슴속에는 시들이 가득 자라고 있으니 시 한자락 외지 못하면 옥천 사람이 아닐 것이다.

옥천이 이토록 아담하고 작은 도시이기에 정지용 시인만을 위한 고장으로 자리매김한 것은 참으로 다행스럽다. 대도시로 개발되어 빌딩 숲이 들어서고 자동차의 물결이 거리를 채운다면 고향 냄새도 〈향수〉의 분위기도 다 사라지고 빛나는 시어들은 소음 속에 묻혀버렸을지도 모를 일이다. 아직은 고향 냄새가 그대로 전해 오기에 고향을 잃은 현대인들이 찾아와 그 품에 안기고 그 시대의 시를 읊으며 위로를 받고 가는 것이 아닐까.

시인의 발자취를 따라 걷고 싶었던 향수길 30리는 시간에 쫓겨 그냥 마음에만 담고 오면서 아쉽지만 다음을 기약한다. 그 길에는 시인의 가슴으로 쓴 시어들이 살아 숨 쉬며 그분의 마음을 대신할 테니 오랫동안 잊혔던 시인이 이만큼 우리 곁에 와 있음은 또 얼마나 다행인가.

내 고향은 아니라도 고향 같은 옥천에서 고향 냄새를 맡고 고향 사람들을 떠올리며 시의 바다에 흠뻑 빠져본 하루가 충만한 행복감으로 채워졌다. 저녁 어스름 내리는 돌아오는 길에서는 저절로 시가 지줄 거려 진다.

고향에 돌아와도/ 그리던 고향은 아니려뇨 /산 꿩이 알을 품고 뻐꾸기 제철에 울건만/ 마음은 제 고향 지나지 않고/ 머언 하늘만 떠도는 구름….

고향이 그리운 사람들은 이 가을이 가기 전에 옥천으로 가 볼 일이다.

시(詩)를 머금고 시에 취하고 싶은 사람들은 옥천으로 가 볼 일이다.

(2016.)

사과나무 가로수 길

가을이 무르익는다.

멀리 갈 것도 없이 우리 아파트 정문 앞에서 큰 길을 바라보면 느티나무 가로수 길이 알록달록 가을 옷을 갈아입었다. 줄지어 서있는 모습이 무척 아름다워 금세 카메라를 들이대고 싶은 충동을 일으킨다.

여름내 초록 일색이던 가로수들이 저마다 노랑, 빨강, 갈색으로 물들어 자기 나름의 색깔을 창조하여 멋을 내고 있으니 나무들의 패션쇼를 보는 듯하다. 집 앞의 불무공원으로 나가면 수십 종의 나무들이 자기만의 색깔로 가을을 입고 서서 하늘을 우러르는 모습에 황홀하기까지 하다. 그 앞 큰 도로에는 은행나무 가로수들이 파란 가을 하늘을 이고 서서 금빛 잎사귀들을 팔랑팔랑 미련 없이 날려 보낸다. 나무 밑에 쌓인 노란 그림자가 햇살 받아 더 곱다.

가로수들은 나무 중에서도 잘난 나무들이다. 어딘가에서 자라다가 선택되어 왔겠지만 잘나지 않고는 그 위치에 서지 못했을 것이다. 나무 중의 왕자나 공주쯤이라 할까. 굽은 나무가 선산을 지킨다는 말처럼 평범하거나 못난 나무는 산에 있는데 잘나다보니 큰 임무를 띠고 그 자리에 서있는 것이니 그 나름의 고달픔은 있겠지만 보람도 클 것이다.

도시의 매연을 줄여주고 공기를 정화해 줄 뿐 아니라 여름에는 그늘을 드리우며 직사광선을 막아주고 수분을 방출해 지표면 온도를 낮춰주기도 한다. 복사열을 차단하고 소음을 줄여주며 미세먼지를 흡수하는 것도 가로수의 몫이다. 거기다 아름다운 자태로 눈을 즐겁게 해주니 큰일을 하는 나무들이다.

강서의 양버즘나무(플라타너스) 가로수 길은 전국적으로 명성이 높으니 청주의 자랑거리로 나무들도 긍지를 느낄 것이다. 전국에 아름다운 가로수 길은 많지만 강서 가로수 길은 역사와 전통을 자랑한다. 가장 운치 있는 진입로로 모래시계의 촬영지로도 유명하다. 길을 확장하면서 어떻게 가로수를 잘 보존할 것인가 전문가들의 고심이 뒤따랐고 시민들의 의견도 분분했었다.

지금쯤 커다란 나뭇잎들이 누렇게 물들어 자동차가 지나갈 때면 한 잎 두 잎 떨어뜨리고 귀여운 방울들이 드러날 때이다. 이제 그 나무들을 시민들이 잘 보호하고 가꾸는 일만 남았다. 앞으로 가로수 훼손에 대한 처벌이 강화되는 등 가로수 관리가 엄격해진단다. 가로수를 훼손하면 지금까지는 과태료 부과라는 행정처분만 이뤄졌지만 앞으론 형사처분도 가능해진다.

도심 속 산소탱크이자, 여름철 도심의 에어컨 역할을 하는 가로수들이 광고 플래카드에 묶여 있는 모습은 안쓰럽다. 가로수는 공해에 강하며 여름에는 잎이 많고 겨울에는 해를 가리지 않는 낙엽수여야 하고, 수형(樹型)이 아름다워야 한다. 양버즘나무, 은행나무, 버드나무, 미루나무, 벚나무, 회화나무, 이팝나무, 벽오동 등이 적합하다고 한다.

어느 도시, 어느 길가에도 그 나름의 특색을 지닌 가로수들이 서 있다.

시민들의 심미적인 조망을 고려하여 가로수 심기를 시작한 사람은 프랑스의 루이 14세라고 알려져 있다. 그의 선견지명이 남달랐으니 참으로 고마운 일이다.

엊그제 들른 가평의 캠프장에서 본 은행나무길이 자꾸만 떠올라 며칠 동안 행복했다. 은행나무 길이야 유명한 곳이 많지만 붉은 노을이 질 무렵의 아산 현충사 은행나무 길의 황금빛 터널은 평생 잊지 못할 것 같다.

가까운 곳으로는 우리 고장 괴산 문광 저수지 옆의 은행나무 길을 잊을 수 없다. 지난 가을 친구들과 그곳에 들러 아름다움에 반하여 해가 지는데도 쉽게 발길을 돌리지 못했던 일이 어제인 듯싶다. 올해 다시 가자는 말을 해 놓고도 실천에 못 옮기도 있는데 그새 황금빛 잎이 다 떨어져 버릴까 걱정이 된다.

5월에 본 전남 담양의 메타세쿼이아 가로수 길도 장관이었는데 지금쯤 그 나무도 잎이 누렇게 물들어 새로운 풍경을 그려내고 있으리라고 짐작하니 다시 그 길로 달려가 보고 싶은 충동이 인다.

담양뿐이랴. 하동의 십리 벚꽃 길의 그 환상적인 분위기도 가슴 속에 오래 남아있고 그 벚꽃나무들은 지금쯤 꽃 못지않은 빨간 잎으로 화장하고 나와서 가을을 건너가고 있을 것이다.

하지만 며칠 전 동창회 때문에 들렀던 충주의 사과나무 가로수는 어떤 가로수보다도 아름다웠다. 내 고향이라서 점수 몇 점 더 얹어 주었는지 모르지만 탐스러운 빨간 사과가 주렁주렁 열린 귀물다움에 차창을 열고 "사과나무야, 사랑해."라고 속삭여 주었다. 여름내 비바람을 견디며 매연과 소음 속에서도 햇빛을 갈무리하여 단물이 흠뻑 고인 빨간 사과를 힘겹게 매달고 있는 사과나무가 숭고한 어머니의 모습처럼 위대해 보이기까지 하다.

그러고 보니 남편은 자기의 고향인 영동의 감나무 가로수가 더 아름답다고 우기고 나는 충주의 사과나무 가로수가 더 아름답다고 우기던 일이 떠오른다.

둘 다 아름다운 게 사실이면서도 내 고향에 대한 애향심의 치졸한 발로였음을 인정한다. 햇살 고운 날 자전거를 타고 은행나무 가로수 길을 거쳐 내 고향 사과나무 가로수 길을 마음에 새기며 씽씽 달릴 수 있다면 얼마나 좋을까.

(2017.)

04

느티의 가을

이 찬란한 느티나무들의 축제도
이제 가을비 한 축 훑고 지나가면 어느새 낙엽되어 수북이 쌓이고
바람에 뒹구는 모습은 또 얼마나 황량할 것인가.
하지만 내년 봄의 연둣빛 새싹의 부활이 있기에
절망은 아니다.
느티나무는 장수목(長樹木)으로 천년을 사는 나무다.
성장이 빠르고 수형이 단정하며 노거수가 많다.
마을 어귀마다 수호신처럼 고목으로 서서
시원한 그늘을 만들어주는 정자나무이기도 하다.

꽃에 취하다

세상이 온통 꽃 천지다. 이른 봄 제일 먼저 피어난 봄 까치가 그 파란 눈빛으로 봄을 알리더니 금세 벚꽃이 만발하여 청주 사람들을 무심천으로 다 불러 모았었다. 숨 돌릴 틈도 없이 진달래가 산자락마다 불을 지르는가 싶더니 눈 두는 데마다 영산홍이 무더기무더기 수를 놓는다.

아파트 담장 옆에 라일락도 질세라 서둘러 보랏빛 향기를 바람결에 실어 나른다. 만화방창(萬化方暢) 산꽃, 들꽃 할 것 없이 한꺼번에 요란스럽다. 어찌 저렇듯 계절을 알아차리고 수만 년을 지켜온 약속을 어김없이 지켜낸단 말인가.

이렇게 좋은 계절에 꽃놀이 안 가본 이가 누가 있을까만 이번 봄은 무슨 복에 꽃 속에서 노니는 시간이 많아서 행복에 겨웠다. 꽃이야 우리 집 베란다에도 이것저것 다복다복 피어있지만 꽃 욕심을 어쩌지 못하여 꽃길 따라 가평 축령산의 '아침고요수목원'까지 나들이를 갔었다. 산자락마다 화사하게 피어난 산 벚꽃이 길을 안내한다.

10만여 평이나 된다는 수목원의 수백 종 꽃들의 화려한 웃음 속에 묻히다 보니 꽃에 취하여 하루 종일 웃고 떠들며 헤픈 웃음도 마다하지 않았다. 청아한 듯 고고해 보이는 능수매화에 마음을 빼앗기고 수줍은 듯 피어있는 히어리를 바라보며 겸손의 아름다움을 생각했다. 뭉게뭉게 꽃구름이 된 벚꽃을 배경으로 곱게 피어난 별목련의 고상한 미소에 조신해져야 한다고 스스로를 타이르기도 하였다.

찬란한 햇빛 속에서 무한한 사랑의 말을 쏟아내는 셀 수 없이 많은 꽃들 앞에서 오히려 나의 존재가 한없이 작게만 느껴진다. 20여 년 넘게 일군 설립자 내외분의 인고의 세월을 생각하며 감사하는 마음으로 옷깃을 여몄다.

일주일도 못되어 나는 다시 또 다른 꽃 속에 묻혔다. 우리 성당에서 야외미사를 충남 서산의 '태안 튤립축제'장으로 가기로 했기 때문이다. 임도 보고 뽕도 딴다고 미사도 보고 꽃구경도 하니 꿩 먹고 알 먹고 일거양득인 셈이었다.

튤립 하면 네덜란드가 떠오르고 귀한 꽃이라는 고정 관념을 가지고 있었다. 하지만 이 관념을 깨어버릴 정도로 내가 이 세상에 태어나 그렇게 예쁘고, 많고 많은 튤립을 대한 것은 처음이라 입이 딱 벌어진 채 다물어지질 않았다.

튤립의 형태는 초록빛 잎 속에서 꽃대를 쫙 올려 한 송이의 고고한 꽃을 피워 올리는 단순한 이미지 그대로이지만, 색깔은 셀 수도 없이 다양하였다. 빨강, 흰색, 분홍, 주황, 진보라…. 또 그라데이션으로 번져가는 각종 신비한 색깔들이 정말 다양했다. 꽃잎 가장자리가 레이스를 짠 듯 뾰족뾰족한 튤립 앞에서 탄성을 지르지 않을 이가 누가 있으랴. 색색을 조화시켜 태극기로 만들어 내고, 꽃무리로 나비를 그린 이의 마음을 읽으며 가슴이 찡해온다. 튤립도 300여 품종에 120만 본이나 된다니 그 다양함에 또 한 번 놀라지 않을 수 없다. 위대한 신의 손길뿐 아니라 이 밭을 일군 이들의 거칠어진 손길을 느끼지 않을 수 없었다.

이 세상에 꽃이 존재한다는 것은 얼마나 신비한 일이며 행복한 일인가. 사람이 물주고 가꾼다 한들 그 노고는 일부분이요, 햇볕과 온도가 맞지 않으면 자랄 수도 꽃을 피울 수도 없으니 신의 섭리가 아니면 어찌 열매와 씨앗이 생겨 대를 이어 갈 수 있단 말인가.

왜 나이가 들수록 꽃이 점점 더 귀하고 예뻐 보이는 걸까. 활짝 웃는 그 웃음 뒤에 숨은 고난과 역경을 읽을 수 있고 그 의미를 짚어낼 수 있음이 아닌가. 비에 젖고 때로는 바람에 가지가 휘이지고 꺾이도록 흔들리면서도 오직 꽃을 피워 내야 한다는 일념으로 자신과의 싸움에 고군분투했을 그 의지를 우리는 얼마나 깊이 생각해 보았던가. 그저 예쁜 겉모습만 보면서 찬사를 연발 했을 뿐, 꽃의 속마음을 읽고 그 산고를 헤아리지도 못한 우둔함이 부끄러워진다.

꽃샘추위를 견뎌내고 산고의 아픔을 겪은 후에 피어난 꽃이야말로 아름다움의 극치이며 보석처럼 고귀한 존재들인 것이다. 우리네 삶도 저마다 나름의 꽃을 피우고자 노력한다. 그러나 모두가 꽃을 피워 내지는 못한다. 냉이 꽃처럼 작은 꽃이라도 피워낸 사람은 그만한 노력의 대가를 얻은 것이니 크게 칭찬하고 박수쳐야 마땅하다.

저렇듯 화려한 꽃들도 머지않아 시나브로 꽃잎을 떨어뜨리고 지고 말 것이니 화려함의 그림자 속으로 한 자락의 슬픔이 언뜻 지나간다. 꽃을 피우려고 혼신을 다한 그들의 노고가 덧없어서 안타깝지만 오늘만은 그런 생각일랑 털어버리자.

예쁘다, 아름답다, 귀엽다, 청아하다, 신비스럽다, 화려하다, 청초하다…. 꽃들에게 줄 수 있는 온갖 찬사를 다 퍼주고 희희낙락 그들과 어울려 한바탕 웃고 떠들어 보련다.

"꽃들아, 사랑한다."

(2015.)

의자에 대한 단상

비가 부슬부슬 내린다. '늦장마'라더니 며칠째 비가 오락가락한다. 외출하면서 아파트 재활용코너 앞을 지나다보니 허름한 의자 하나가 버려져 비를 맞고 있다. 쓰던 의자를 버리겠다고 내놓는 일은 종종 있는 일이다.

그저 무심히 보아온 일인데 오늘은 그 의자가 자꾸 마음을 쓰이게 한다. 비를 맞고 있는 모습이 어쩐지 처량해 보인다. 검은색 의자는 부서진 데는 없어도 외피가 많이 낡아서 희끗희끗 벗겨져 초라하다. 떡 벌어지게 큰 의자도 아니고 아주 작은 것도 아닌 아담하고 적당해 두루두루 쓰일만한 것이었다. 어느 집에서 나왔는지 모르지만 오랜 세월 주인님에게 충성하며 자기 임무에 충실했지 싶다.

이제 낡고 늙어서 주인에게 버림받는 입장이라 하지만 하필이면 이렇게 비오는 날 내놓을 게 뭐람. 의자에서 흘러 떨어지는 빗방울이 눈물인 양 안쓰럽다. 노란 재활용수거딱지가 붙기만 하면 당장이라도 쓰레기 수거차에 실릴 것이고, 압착되고 부서져 형체도 없이 스러져 버릴 것이다. 그 순간 의자라는 이름도 사명도 모두 잃어버리고 아무 것도 아닌 무(無)로 돌아갈 것이다.

버려지는 것이 의자뿐이랴. 사람도 버려지는 세상인데 의자 따위가 대수랴. 며칠 전 TV에서 본 노부부의 이야기가 떠오른다. 필리핀에서 사업을 하던 아들이 부모님께 관광을 시켜드리겠다며 필리핀으로 모셔갔다. 한 달 정도 부모님을 극진히 모셨던 아들은 부모님의 재산을 정리해 필리핀에서 함께 살면 어떻겠느냐고 제안했다.

노부부는 같이 살겠다는 아들이 고마웠다. 아들의 말을 믿었기에 집에 돌아와 몇 억 원의 재산을 정리하여 아들에게 맡기고 함께 필리핀으로 향했다. 아들과의 새로운 삶을 꿈꾸던 것도 잠시였다. 필리핀에 도착한 아들은 사흘 만에 돌변했다. 재산을 정리한 돈을 돌려주지 않았고 말도 통하지 않는 타국에서 부모님을 방치했다. 노부부는 아들 집에서 쫓겨나 현지 교민들의 도움으로 거처를 옮겨 다니며 고통스럽게 살아가고 있었다.

방송국 취재진을 만난 부부는 "살려 주세요."라고 호소했고 자식에게 버림받았다는 배신감과 충격으로 몇 개월째 눈물마를 날이 없었다. 우여곡절 끝에 제작진은 노부부와 함께 아들을 찾아갔지만 아들은 아버지를 외면했다. '아버지가 치매에 걸렸다.'며 '아버지의 돈을 받은 일이 없다.'고 오리발을 내밀었다. 심지어 경찰이 보는 앞에서 제작진에게 거친 욕설과 폭력까지 휘둘렀다. 기막힌 일이다.

노부부는 아들을 기소했지만 간단치가 않았다. 전문가들은 부모를 유기한 것은 생명을 위협하는 '노인 학대'에 해당하므로 법적으로 명백하게 불법행위라고 했다. 전문가들의 도움으로 재산을 회수할 수 있다고는 하나, 부모 자식 간에 상처 받고 어긋나 버린 관계는 어찌 회복할 것인가.

제작진은 취재 도중 충격적인 사실을 밝혔다. 이 노부부 외에도 해외에 자식을 따라갔다 버려진 노인들이 또 있었다는 사실이다. '현대판 고려장'이 실제 벌어지고 있는 것이다. 부모들은 버젓이 자식이 있는데도 없다고 우긴다는 것이다. 자식의 체면을 위해서 숨기거나, 극심한 학대를 받은 사람들이라는 것이다.

어릴 때 내 의자는 어머니의 무릎이었다. 어머니의 무릎에 앉으면 한없이 편안했다. 따뜻한 체온이 전해지고 말랑한 감촉과 어머니에게서 풍기는 배틀한 체취와 심장 박동소리까지도 느낄 수 있는 안락한 의자였다. 나는 그 무릎을 사정없이 빼대며 성장 했다.

어느 부모나 자식을 위해서는 목숨도 아깝지 않다며 기른다. 평생 자식에게 모든 것을 다 바치고도 쓸쓸한 노년을 맞아 생활고에 시달리는 노인이 급증하고 있다. 돈이 없고 병들었기 때문이다. 부모를 짐으로 여기거나 아예 인연을 끊으려 하는 요즘 세태는 우리를 슬프게 한다. 노인은 이제 권위도 가치도 없는 짐이 되었다.

자살 1위 국가라는 불명예스러운 이름이 부끄럽다. 그중 노인 자살률이 가장 높다. 인생의 황혼에 스스로 삶을 포기하는 노인이 늘어만 간다. 몇 개월 만에 시신으로 발견되기도 한다. 노인들을 돌볼 사회안전망이 허술한 데다 자식들마저도 부모를 외면한다. 각박한 세상에 자식이 부모를 수발하기는 참말 어려우니 강요 할 수도 없는 노릇이다.

요즈음 친구들을 만나면 자식에게 짐이 되지 않으려면 어디에서 어떻게 말년을 보내다가 죽어야 하느냐가 화두가 되었다. 실버타운이니 요양원이니 이런 말들이 자연스럽게 나온다. 남의 일이 아니라 나에게 닥친 일이다. 이런 생각을 하면 삶이 신산(辛酸)해지고 기가 죽는다.

사랑에 눈먼 젊은이가 연인에게 변치 않을 사랑을 고백했다. 연인은 자신을 진정 사랑한다면 어머니의 심장을 가져오라고 했다. 그는 당장 집으로 달려가 어머니의 심장을 빼앗아 연인이 있는 곳으로 뛰었는데, 너무 서두른 탓에 그만 돌부리에 걸려 넘어지면서 어머니의 심장도 길에 내동댕이쳐졌다. 그러자 어머니의 붉은 심장이 말했다. '얘야, 어디 다친 데는 없니?'자식을 위해서는 심장까지 떼어 줄 수 있는 어머니요, 아버지다. 그 거룩한 이름

앞에 자식은 무엇을 드렸는가. 부모님께 기쁨을 드린 적은 몇 번이나 있었던가. 살아계실 때만 할 수 있는 은혜 갚음, 깊은 회한의 눈물을 흘릴 때면 이미 늦으리.

(2014.)

세살 꼬마 난민 아일란

터키의 휴양지 보드룸 해안가에서 엎드린 채 숨져 있는 3세 난민 시리아 꼬마 '아일란 쿠르디'의 사진이 가슴을 울린다. 빨간색 티셔츠와 파란 반바지 차림에 테니스화를 신은 시신은 엎드린 채 해변의 모래에 얼굴을 묻고 있다. 물결에 수없이 떠밀려 올 때까지 얼마나 무섭고 아팠을까. 너무나 애처로워 한숨만 나온다.

아일란은 난민이 되어 터키에서 작은 보트에 몸을 싣고 그리스 코스섬으로 향하던 중 에게해에서 배가 침몰해 익사했다. 허리의 맨 살이 드러난 채 쉬지 않고 밀려오는 파도에 떠밀리면서도 신발이 벗겨지지 않은 것은 그만치 신발 끈을 단단히 매고 피난길에 올랐기 때문일 것이다. 그의 시신은 온 세계 사람들의 가슴을 울리다 못해 흥건히 적시고도 남았다.

아일란의 시신을 처음 발견한 메흐메트 경사는 "살아있다는 기미는 느껴지지 않았지만 숨이 붙어 있기를 간절히 바랐다. 6살인 내 아들 생각이 나 말할 수 없이 고통스러웠다."고 당시의 심경을 말했다.

이 말은 자식 가진 사람들의 똑같은 심정이요, 사람이라면 다 느끼는 공통의 마음일 것이다. 메흐메트 경사는 바다를 건너가려던 난민들이 익사하는 것을 '인류의 수치'라고 표현했다.

아일란의 아버지인 압둘라 쿠르디는 고무보트가 뒤집히던 당시를 이렇게 말했다.

"아이들의 엄마는 나에게 자신이 아니고 아이들을 구하라고 소리쳤고, 어린 아일란은 '바바(아빠), 죽지 말아요.' 라고 말했으며, 형 갈립(5세)은 '바바, 물에 잠기고 있어요. 죽으라고 우리를 여기 데려왔어요?'라고 말했지요."

가족을 한꺼번에 다 잃고 혼자만 살아남은 아비의 마음은 얼마나 비통했을까. 테러와의 전쟁을 피해 더 나은 삶을 찾아가는 난민들이 처한 참혹한 상황을 짐작할 만하다. 그는 얼마나 기가 막힐 것이며 어떻게 살아가야 한단 말인가.

3살이면 이제 한참 말을 배울 나이요, 세상물정을 모를 깨끗하고 순수한 영혼이다. 그 꼬마에게 무슨 큰 죄가 있을 것이며 그렇게 죽을 이유가 있었겠나. 어른들의 탐욕에 아이들은 희생양이 된 것이다. 너무 불쌍하고 안타깝다. 이렇게 희생된 아이가 어찌 아일란 뿐이겠는가. 아일란의 시신과 100m 떨어진 곳에 형 갈립의 시신이 있었고, 이어 다른 난민 아이들도 숨진 채 발견됐단다. 이들은 모두 구명조끼나 튜브 하나 없는 맨몸이었다니 수만 명의 난민들이 갈 곳도 없이 방황하는 상황에서 소리 없이 죽어간 어린이는 그 수를 헤아리기 어려울 것이다.

시리아 난민의 불행을 보면서 9살 때 뼈저리게 겪은 6 · 25의 참상이 떠올라 가슴이 아릿했다. 3년 동안 남과 북이 싸웠던 그 전쟁이나 4년 넘게 시리아에서 벌어지고 있는 내전과 폭력이 무엇이 크게 다르겠는가. 도대체 누구를 위한, 무엇을 위한 싸움인지….

내전으로 사망자가 1만4천 명, 국외 난민은 4백만 명이 넘는 상황이라니 왜 그들이 자기 나라를 떠나는지 알 만하다. 어찌하다가 나라가 그렇게 되었는지 마음이 아프다. 종교전쟁이 얼마나 집요하고 무서우며, 지도자의 역할이 얼마나 중요한지 또 한 번 절감한다.

아일란의 마지막 모습을 촬영해 지구촌을 울린 29세 여성 사진기자 데미르는 "그 아이를 되살리기 위해 해줄 수 있는 것이 더는 없었다. 내가 할 수 있는 일은 단지 사진을 찍어서 세상에 알리는 것뿐이었다."고 했지만 그 사진 한 장이 세상을 바꾸는 계기가 되었으니 참으로 큰일을 해냈다.

불행 중 다행인 것은 아일란의 희생이 전 세계 사람들의 가슴을 울려 유럽 여러 나라들이 빗장을 열고 난민들을 받아들이게 되었다는 기적적인 일이다. 난민의 위기에 대해 전 세계가 목소리를 높이는 계기가 된 것이다. 난민수용에 소극적이던 영국 정부의 태도까지 바꿨다. 그리스와 발칸반도를 거쳐 서유럽으로 들어가는 '발칸루트'가 인기를 끌면서 그리스로 상륙한 난민이 23만 5천명으로 가장 많았고, 이탈리아가 11만4천명, 스페인이 2천2백명으로 뒤를 이었다. 국제이주기구(IOM)는 아일란처럼 지중해를 건너다 숨진 난민은 3천여 명으로 추산되며 이는 지난해보다 500명 이상 늘어난 것이라고 한다.

2011년 시작된 내전으로 시리아를 탈출한 난민은 현재 400만 명이 넘는다. 독일의 앙겔라 메르켈 총리가 난민을 적극 받아들이고 있으며 노르웨이, 스웨덴, 핀란드도 어떤 제한선을 두지 않은 채 난민들을 환영해 세계의 칭송을 받고 있다.

우리나라에서도 시리아 난민을 위한 기도를 시작했고 난민들을 위한 모금운동도 한단다. 지구라는 같은 별에서 함께 숨 쉬며 살았던 아일란은 갔지만 죄 없이 죽어간 영혼들의 명복을 빌며 전쟁 없는 평화로운 천국에서 못다 한 삶을 보상 받을 수 있기를 기원해 본다.

1972년 네이팜탄 폭격으로 온몸에 화상을 입고 알몸으로 울부짖으며 거리를 내달리는 베트남 소녀 킴 푹의 사진이 미국 반전운동의 기폭제가 됐다면, 아일란의 사진이 이번 난민 사태에 크나큰 영향을 주고 있다는 것은 그나마 다행이다.

아일란과 같은 처지의 어린이들은 천국에 있을 것으로 믿는다. 전쟁 없는 나라에 사는 사람들은 참으로 행복한 일이다. 아홉 살에 겪은 전쟁의 공포는 지금 74세가 되도록 안심하지 못하고 늘 불안 속에 살고 있는 내 처지도 참 기구한 운명인 것은 확실하다. 총성만 들리지 않을 뿐 전쟁이라는 무시무시한 괴물이 우리 곁에 도사리고 있다는 현실은 암담하고 민족의 불행이다. 언제쯤 인류는 평화롭게 살 수 있을까.

(2015.)

어미

스산한 바람이 옷깃을 여미게 하던 지난해 11월 초, 백조처럼 흰 옷을 입은 그녀가 내 집을 기웃거렸다. 베란다 밖 난간에 서서 우리 집 동정을 살피곤 하는 일이 일주일여 계속 되었다. 먹이라도 찾는가싶다.

내 집에는 에어컨이 없다. 에어컨 바람이 싫어 장만하지 않았으니 실외기 놓을 자리에 큰 화분 두 개를 앉혀 화초를 기르고 있다. 외출에서 돌아와 보니 그녀는 화분 귀퉁이에 얌전하게 앉아 있다가 나를 보자 화들짝 놀라며 경계의 눈빛이 역력하다. 이 을씨년스러운 날씨에 새끼를 치려는 것은 아니지 싶고, 무슨 병이라도 걸렸나 걱정스러웠다. 지름 30Cm의 화분에 반은 영춘화가 차지했으니 제 한 몸 간신히 앉을 수 있는 비좁은 공간이다. 밤낮을 꼼짝없이 앉아 새우고 있으니 알을 낳은 것이 분명했다. 물 한 모금 먹지 못하고 빳빳이 굶고 있으니 어쩐단 말인가.

잡곡을 섞어 옆의 화분 귀퉁이에 부어 주어도 결연한 자세로 꼼짝을 않는다. 알을 지키겠다는 결기가 대단했다. 자리를 비켜주니 그제야 정신없이 모이를 쪼아 먹는다. 그녀가 앉았던 자리에는 가느다란 나뭇가지 몇 개가 놓였을 뿐 맨땅에 메추리알 만 한 두 개의 알이 뽀얗다. 왜 하필이면 이 추위에 알을 낳았을까. 그릇에 떠다 놓은 물을 두어 모금 마시고는 서둘러 다시 알을 품는다.

내가 자식을 품었던 열 달의 수고가 떠오른다. 아이들 앞에서 수업을 하면서 티 내지 않으려고 얼마나 애썼으며, 임신중독증으로 수업하다 쓰러지는 소동까지 일으키면서도 결코 포기할 수 없었던 어미로서의 본능이요, 엄중한 임무에 충실했었다. 지금 그녀의 심정이 바로 그런 것일 게다. 그녀는 한밤중에도 눈을 감고 편히 자는 법이 없었다.

천여 가구나 되는 아파트에 하필이면 왜 내 집에서 알을 낳았을까. 예상했던 대로 눈발이 날리기 시작한다. 난간 위에 박스를 걸치고 담요를 얹어 주었지만 흙바닥이 얼마나 찰까. 따뜻한 침대에서 자는 내가 편편치 않다.

며칠 만에 애 아빠가 나타났다. 진회색이었다. 둘이 교대를 한다. 하지만 수놈의 기질은 사람과 흡사했다. 3시간 정도를 품는 것이 최대 기록이고 한두 시간도 못 참아냈다. 애비가 어찌 어미의 모성을 따를 수 있으랴. 먹이는 염치없이 먹어대면서….

수고 끝에 18일 만에 새끼 두 마리가 태어났다. 노란 잔털이 보송보송한 것이 꼭 노란 콩고물 인절미 두 개가 놓여있는 것 같았다. 무사히 깬 것이 참으로 다행스럽다. 처음에는 눈도 못 뜨던 것이 나흘 만에 가느다란 소리를 내기 시작한다. 새끼는 어미의 목구멍까지 머리가 다 들어 갈만치 들이대고 먹이를 먹느라고 야단이다. 치즈 비슷한 피젼밀크(pigeons milk)를 먹인다더니 정말 그랬다. 새끼들은 염치도 없이 두 마리가 교대로 어미의 젖을 받아먹었다. 생의 애착은 사람이나 동물이나 다 똑같다. 내 아기가 가르치지 않았는데도 입을 내둘러 젖을 찾던 모습과 무엇이 다르랴.

새끼들은 점점 자라 양 날개를 펼쳐 나는 연습에 들어갔다. 어미는 시범을 보이고 새끼는 교대로 좁은 공간 화분 테두리에서서 위태롭게 연습을 했다. 장하기 이를 데 없다. '따로따로'소리에 처음으로 혼자 섰을 때 제 스스로 대견하여 서투른 대로 박수를 치던 돌잡이 아들의 모습이 떠오른다. 어느 때는 그녀의 가족 네 식구가 모여 오붓한 한때를 보내는 모습도 보였다. 우리도 아이들이 서울로 공부하러 떠날 때까지는 늘 네 식구가 한 덩어리가 되어 살았다. 그때가 지나놓고 보니 참으로 행복한 때였다. 결국 우리 집에서 식구를 늘린 그녀의 가족은 내게 말 한마디 없이 어디론가 떠났다.

며칠 후 전화벨이 울렸다. 관리사무실 아가씨였다. 비둘기를 키우느냐고 묻는다.

“아, 키우는 게 아니고 내가 집을 비운 새에 알을 낳았는데 이제 다 깨서 나갔어요.”

듣고 보니 아래층에서 배설물이 떨어진다고 관리실에다 불평을 한 모양이다. 이번에는 관리소장의 전화다. 비둘기가 일 년에 여섯 번 산란을 하며 유해동물이라면서 아는 지식은 다 동원한다. 나는 그 때까지도 그녀가 유해동물로 취급받는다는 사실보다는 생명이 태어난다는 신비스러운 일에만 정신을 팔았고, 안다고 한들 어쩔 것인가.

비둘기는 통신전달용으로 이용했으며 평화의 상징으로 귀한 대접을 받던 새다. 몇 해 전만 해도 상당공원에 예쁘게 꾸민 비둘기 집에, 수백 마리에 이르는 비둘기들에게 먹이를 주며 시민들의 사랑을 받아 왔었는데 어쩌다가 천덕꾸러기로 전락하고 말았으니 그들의 신세한탄이 나올법한 일이다.

그 일이 있은 지 한 달쯤 지났을까. 그녀가 다시 알 낳던 자리에 또 앉아있다. 큰일 났다 싶었다. 내 눈치를 보고 쪼그려 앉은 그녀를 막대기로 밀어 보았다. 완강했다. 차마 어쩌지 못하고 서재에 앉아 또 그녀의 행동을 지켜 볼 수밖에. 얼마 되지 않아 그녀는 양 날개를 쫘악 펼치더니 온몸을 몇 번이나 뒤틀며 용을 쓴다. 그 순간 그의 아랫도리에서 하얀 알이 툭 떨어진다. 아, 짐작대로 또 알을 낳은 것이다. 온힘을 다하여 알을 낳는 모습을 보며 나의 두 번의 죽을 것만 같던 산고를 떠올리지 않을 수 없었다. 숨이 넘어갈 듯 절박한 고통이었지만 아기를 낳은 후의 환희와 행복감은 세상 어떤 것과도 비길 수 없었던 그 시절이 지금은 오히려 그립기까지 하다.

어쩔 것인가. 유해동물을 보호해 준다는 일이 떳떳하지 못한 일이다. 그렇다고 자식을 낳아 키우겠다는 그녀의 입장을 헤아린다면 어찌 비정하게 굴 수 있겠는가. 난처했다. 인간에게 자식이라면 목숨마저 내놓을 수 있는 것이 모성인 것처럼 그녀 역시 새끼 탐은 인간 못지않을 것이다.

내 관심은 온통 그녀에게 쏠렸고, 사흘 만에 그녀가 먹이를 먹느라 잠시 자리를 비운 틈에 나는 떨리는 손으로 알 두 개를 거두어 들여오고 말았다. 나의 이 비정함이라니….

며칠 후 경비실에서 두 사람이 우리 집을 방문하여 케이블타이를 촘촘하게 세워 그녀가 접근하지 못하게 해 놓고 갔다. 알 낳을 데도 없는 그들의 처지가 참으로 딱하다. 나는 무슨 권리로 그들의 자식을 유기할 수 있는가. 지금도 거실장 유리접시에 고이 모셔 놓은 그녀의 분신을 볼 때마다 죄인인 듯 착잡하다.

(2017.)

장미예찬

세상에는 셀 수도 없이 많은 사람이 살듯이 수많은 꽃들이 살고 있다. 색깔도, 모양도 가지가지인 꽃들이 예쁘게, 화려하게, 또는 앙증맞게, 청초하게, 소박하게, 신기하게, 갖가지의 표정을 지으며 피어나 우리를 즐겁게 하고 때로는 슬픔을 위로하기도 한다.

나무에서, 풀에서 꽃이 피어나는 일처럼 신비스러운 일이 또 있을까. 그것이 열매를 맺고 종자를 번식시키는 수단이라지만 창조주의 조화로운 손길이 아니면 풀 길 없는 신비 중의 신비다. 꽃이 없는 세상은 상상만으로도 삭막하다.

아침 산책에서 돌아오는 길, 아파트 앞 화단에 소담스러운 장미꽃이 한 무더기 피어있다. 빨강, 노랑, 분홍, 주황, 흰색 꽃들이 아침 이슬을 함초롬히 맞고 싱그럽게 핀 모습에 매료되어 쪼그리고 앉아 한참을 들여다보며 세상의 하고 많은 꽃 중에 '여왕'이라는 말이 틀리지 않음을 다시 확인한다.

보드라운 겉 꽃잎이 속 꽃잎을 살포시 감싸며 꽃잎 끝을 뒤로 살짝 젖혀 겹겹이 피어난 한 송이 장미의 우아하고 매혹적인 자태는 감히 어떤 꽃도 따라갈 수 없는 아름다움이다. 아주 은은하면서도 기품 있는 그 상큼한 향기 또한 어느 꽃도 넘보지 못할 고고한 향이다. 열정의 빨강 꽃, 우아한 노랑, 수줍은 분홍, 화려한 주황, 청순한 흰 꽃 어느 것을 선택할 수 없을 정도로 저마다의 매력으로 황홀하기만 하다.

"무슨 꽃을 좋아하세요?"라고 누군가 묻는다면 "꽃 중에 아름답지 않은 꽃이 어디 있어요. 하지만 그 중에 한 가지를 고르라면 단연 장미꽃이지요." 열 번, 스무 번을 물어본다 해도 내 대답은 똑같이 '장미꽃'바로 이 꽃이다.

6월의 아침을 곱게 수놓고 있는 장미로 하여 이 아침은 더 싱그럽고 화려하다. 장미를 꽃피울 수 있도록 알맞은 기온과 알맞게 내린 햇살과 이슬이 모두 경이롭고 감사하다. 노랑나비 한 마리 날아온다면 풍경은 더 아름다워질 것이고 나는 장미향에 취하여 스르르 눈이 감긴다.

아파트 서쪽 담장에는 줄장미가 빨갛게 피어나 왕관을 씌운 듯 휘늘어져 꽃 터널을 만들었다. 꽃 터널을 지날 때마다 나는 발걸음이 더 우아해지고 마음도 한결 경쾌해져서 콧노래가 절로 나온다. 5월에 이어 6월도 장미의 계절이다. 어딜 가나 장미가 만발하여 각박한 세상에 잠시 눈길 주며 위로를 받는다. 가던 길을 멈추게 하는 장미의 매력은 불꽃처럼 타는 사랑을 고백하게 하는 뜨거운 열정이다.

매년 스승의 날이면 잊지 않고 장미꽃바구니를 보내오는 제자가 있어 장미는 나에게 더욱 더 친근한 꽃이 되었는지 모른다. 하르르 꽃잎이 지는 모습조차 아름답다. 지는 꽃이 아쉬워 세 송이를 거꾸로 매달았더니 아주 신비한 색깔의 마른 꽃이 되어 거실 벽을 장식한다. 장미는 죽어서도 아름다움을 잃지 않는다.

5월의 신부였던 조카가, 결혼식 때 친구들로부터 한 송이 한 송이 받은 장미꽃 아름을 친척들에게 두 송이씩 나누어 돌리기에 서울서부터 가지고 오는 내내 장미는 은은한 향기로 나에게 말을 걸어온다.

"제가 그렇게 예쁜가요? 당신은 나를 누구에게 주고 싶은가요? 왜요? 누구에게 장미를 받아 보았나요?…."

끊임없이 이어지는 대화로 차안에서의 두 시간을 지루하지 않게 행복한 미소를 지을 수 있었고, 내 집 거실에서 한동안 나를 즐겁게 했으니 어느 꽃이 장미를 따를 수 있으랴.

장미는 가시가 있기에 자신을 지켜 낼 줄 안다. 누구도 만만하게 보지 못하는 도도한 아름다움이다. 결코 허술하지 않으며 헤프지 않아서 더 귀한 꽃이다. 정절을 지키는 고고함이 더 품위가 있다.

시인 릴케는 장미가시에 찔려서 죽었다고 한다. 1926년 9월 어느 날, 이집트 출신의 젊은 여인이 멋진 차를 타고 그의 성으로 왔다. 릴케를 만나기 위해서였다. 그를 만나고 그녀가 떠나려 할 때, 릴케는 그녀에게 주려고 서둘러 장미 몇 송이를 꺾다가 그만 가시에 찔리고 말았다. 그 상처 부위가 덧나서 글을 쓸 수가 없게 되었다. 그것이 패혈증으로 발전하여 12월 릴케는 죽었다. 사실 릴케는 백혈병 때문에 죽었다는 설도 있다. 하지만 후세 사람들은 릴케가 장미 가시에 찔려 그 상처가 곪아서 세상을 떠났다고 하는 것이 더 낭만적이라고 생각했는지도 모른다.

장미는 시인을 찔렀지만 릴케 덕문에 더 이름이 났는지도 모른다. 아니 어쩌면 장미 가시 덕문에 릴케가 더 유명해졌는지도 모를 일이다.

> 무심한 사람들 속에/ 꽃을 사랑하는 사람은/ 행복한 사람입니다// 장미 한 다발이 아닐지라도/ 장미 한 송이 사들고/ 찾아갈 사람이 있는 이는/ 행복한 사람입니다.

어느 시인의 시구처럼 유월이 가기 전에 마음에 가득하도록, 눈이 싫증나도록 장미를 사랑하련다.

(2015.)

양반증서

'양반'하면 예의범절이 깍듯하고 덕망이 높은 분이 떠오른다. 하지만 뒷짐을 지고 '갈지자(之)'걸음에 거드름을 피우는 부정적인 모습도 보인다. 특히 내 고장 충청도사람을 칭할 때 '충청도 양반'이라고들 하는데 전자의 의미이지 싶다. 요즈음이야 양반 상놈이 어디 있을까만 조선시대 신분제도가 존재할 때는 양반(兩班)은 최상급의 사회계급으로 사(士)·농(農)·공(工)·상(商) 중 사족(士族)에 해당했다.

양반은 토지와 노비를 많이 소유하고 국가의 고위 관직을 독점하였다. 양반은 경제적으로는 지주층이며 정치적으로는 관료층으로서, 생산에는 종사하지 않고 오직 현직 또는 예비 관료로 활동하거나 유학자로서의 소양과 자질을 닦는 데 힘썼다.

엊그제 글 쓰는 사람들과 함께 강원도 정선으로 나들이를 다녀

왔다. 처음 들른 아라리 촌에서 생각지도 않은 양반증서를 받게 되었다.

“원래가 양반인데 양반증서는 어디에 쓴다고?”

“양반들만 방에서 밥 먹고 양반증서 없는 사람은 마당에서 점심 먹는대요.”

장난기 섞인 농담을 주고받으며 무료로 준다기에 도대체 어떻게 생긴 건가 호기심이 발동하여 양반증서를 받으면서 시간을 거꾸로 돌려 조선시대에 와 있는 듯 우습기도 하였다. 봉사하시는 분이 붓 펜으로 내 이름을 어찌나 정성스럽게 써 주는지 민망하게 받은 양반증서는

‘야비한 일을 딱 끊고 예를 본받아 뜻을 고상하게 할 것이며, 입으로 구차스러움을 남에게 말하지 아니하고, 늘 새벽에 일어나 학문을 익히며, 밥을 먹을 때 국을 먼저 훌쩍거리며 떠먹지 말고, 화가 나더라도 성내지 말며, 더워도 버선을 벗지 말고 돈을 가지고 노름을 말 것이며 모든 품행이 양반 신분에 어긋남이 없어야 할 것이다.’라는 좋은 문구가 쓰여 있고 아라리 촌 촌장의 직인까지 선명하게 찍혀 있다. 나는 자칭 양반이었는데 과연 이 문구에 어긋남이 없이 살아가고 있는지 생각해보지 않을 수 없었다.

연암(燕巖) 박지원의 소설 중에 〈양반전〉이 있다. 그 〈양반전〉의 무대가 바로 정선이었다. 정선 땅에 한 양반이 살았는데 글을 즐겨 읽고 덕이 높았다. 군수가 도임하면 그를 찾아가 예를 표하

였다. 그러나 몹시 가난한 탓에 관곡을 꾸어 먹은 것이 1,000석에 이르렀다. 관찰사가 이 사실을 알고 크게 노하여 잡아 가두라고 명했다. 양반은 대책이 없었고 그의 아내는 기가 막혀 글만 읽을 줄 알지 무능하기 짝이 없는 남편을 비웃었다.

고을의 한 부자가 이 소식을 듣고 비밀리에 가족회의를 열어 "양반은 가난해도 영광스럽지만 우리는 남부럽지 않은 살림이나 늘 천하게만 굴어야 하니 이 기회에 양반의 빚을 대신 갚아주고 양반자리를 사오자."고 결정했다.

양반은 크게 기뻐하며 승낙했고 부자는 빚을 갚았다. 군수는 남의 어려움을 해결해 주었으니 참된 양반이라며 부자를 치켜세운 뒤, 양반증서를 만들어야 한다면서 온 고을 사람들을 불러 모았다. 군수는 양반이 지켜야 할 덕목과 행동을 일일이 열거하여 적었다.

"5경에 일어나 등불 켜고 글을 읽어야 하며, 추워도 화롯불에 손을 쬐지 말며….'

이를 어겼을 때는 양반 자격을 박탈한다는 엄명이다. 부자는 양반이 겨우 이런 것이냐며 곡식만 빼앗긴 셈이니 이롭게 고쳐달라고 불만을 표하자 군수는 다시 문서를 고쳤다.

"세상에 양반보다 더 큰 이문은 없다. 과거를 치러 문과나 진사가 되는데 문과의 홍패는 돈 자루나 다름없다. 기생과 놀아나며 뜰에 쌓인 곡식으로 학이나 기른다. 이웃의 소로 내 밭을 갈게

하고 동네사람들을 잡아다가 김을 매게 한들 괄시할 자가 없다. 코에 잿물을 따르고 수염을 뽑더라도 원망하지 못하리라."여기까지 들은 부자는 어처구니없어 하며 "날더러 도둑놈이 되라는 소리냐."면서 달아나버렸다. 그 뒤로 부자는 평생 '양반'이라는 말을 입에 담지 않았다고 한다. 결국 군수의 재치로 양반매매사건을 파기하게 된다.

박지원은 이 작품을 통해 양반의 형식주의와 비인간적인 횡포를 구체적이고 희화적으로 풍자하고 있다. 양반입네 하고 특권의식만 가졌지 비생산적이던 시대상을 엿볼 수 있다.

받아온 양반증서를 자세히 들여다본다. 거기에 적힌 '양반의 덕목'대로만 살면 남에게 손가락질 받을 일은 없지 싶다.

이 시대는 모두가 양반임을 자처한다. 하지만 진정한 양반은 몇 사람이나 될까? 관료들 중에는 나라야 어찌되건 사리사욕에 눈이 멀어 돈 먹기에 바쁘고, 야비한 일을 저지르는 게 한두 가지던가. 도덕은 땅에 떨어져 위아래가 없고 부정부패가 만연하니 과연 나는 양반이라고 자신 있게 말할 수 있을 것인가. 다시 한번 깊이 생각해 볼 일이다.

(2015.)

느티의 가을

아침 산책을 나가다보니 안개가 자욱하고 기온이 뚝 떨어져 한기가 느껴진다. 오늘이 상강(霜降)이라고 하더니 이름값을 톡톡히 하고 있다. 상강(霜降)은 절기상으로 열여덟 번째로 한로(寒露)와 입동(立冬) 사이에 든다. 가을의 마지막 절기이니 보름 후면 겨울로 접어드는 셈이다.

이즈음 가을의 쾌청한 날씨가 계속되는 대신에 밤의 기온이 낮아지고, 서리가 내리며, 강원도 산간지방에는 얼음이 얼었다더니 꽤 싸늘한 기운이 돈다.

김형수(金迥洙)의 〈농가십이월속시(農家十二月俗詩)〉에는 '상강에 초목은 잎이 지고 국화 향기 퍼지며 승냥이가 산짐승을 잡고, 동면할 벌레는 급하니라.'고 표현했다. 이처럼 상강에는 단풍이 절정에 이르고 국화꽃이 활짝 피어 우리 조상들은 국화주를 담가서 가을 산으로 나들이를 떠났다는 기록도 있다.

상강이 다가오면 하룻밤 새 들판이 바뀐다. 찬 서리가 내리면 푸르던 잎들이 누렇게 변하기 때문에 서리가 내리기 전에 서둘러 농작물을 수확해야 한다. 가을 추수가 마무리되는 때이고 본격적으로 겨울 맞을 준비를 해야 한다. 벼 베기는 물론, 고구마, 생강 같은 밭작물을 수확하고 콩 타작에 깨 털기, 마늘 심기, 보리 심기, 대추 따기, 밤, 도토리 줍기 등 얼마나 바빴으면 '상강에는 부지깽이도 나선다.'는 옛말이 있을까.

아파트 정문 앞 큰길로 접어들자 가을 정취가 물씬 풍겨온다. 느티나무 가로수들이 여름내 입고 있던 짙푸른 녹색 옷을 저마다 화려한 옷으로 바꾸어 입고 치장하고 나왔으니 그 모습이 장관이다. 빨강, 꽃자주색, 연노랑, 갈색, 초록, 연두. 황금색…. 온갖 색채의 향연이다. 한껏 치장한 느티나무들의 색채의 마술이 황홀경이다. 설악산 단풍이 곱다고, 내장산 단풍이 화려하다고 달려들 가지만 나는 바로 집 앞에서 느티나무 가로수들의 가을잔치에 초대되었다.

유난히 붉은 낙엽 한 장을 주워들었다. 섬세한 잎맥을 타고 흐르는 감촉이 아직은 빳빳하게 살아있다. 비바람을 이겨냈고 올 여름의 더위는 얼마나 혹독했던가. 셀 수도 없이 많은 잎을 거느리며 모든 고난을 겪어내고 저렇듯 당당한 모습으로 도열해 있는 나무들의 위용이 대견스럽다.

지난봄에 연두색 싹을 틔워 그 청순함에 마음을 빼앗더니 금세 짙푸른 초록이 되어 그림자를 드리웠었는데 이제 곱게 화장한 모습으로 또 한 번 눈길을 사로잡는다. 백여 미터에 이르는 가로수 길이 미인대회라도 여는 듯 그 색깔들이 어찌 저리도 다양하고 곱단 말인가. 같은 길에 줄서 있는데도 각자의 색깔은 같은 색깔의 나무가 하나도 없이 저마다의 개성들을 나타내고 있다. 100사람이 모이면 그 모습이 다 다르듯이 느티나무도 그러하다.

안개가 걷히고 햇살을 받아 색은 더 곱고 현란하다. 사람의 노년도 저렇게 아름다울 수는 없는 걸까. 보고 또 보아도 싫증나지 않는 중후한 자연의 아름다움이다. 여기뿐인가. 이맘때면 온 나라가 비단에 수를 놓은 듯 곱고 아름다운 금수강산이 된다. 우리의 가을은 세계 어느 나라보다 아름답다고 하니 이 계절을 한껏 가슴에 들여 놓을 일이다.

이 찬란한 느티나무들의 축제도 이제 가을비 한 축 훑고 지나가면 어느새 낙엽되어 수북이 쌓이고 바람에 뒹구는 모습은 또 얼마나 황량할 것인가. 하지만 내년 봄의 연둣빛 새싹의 부활이 있기에 절망은 아니다.

느티나무는 장수목(長樹木)으로 천년을 사는 나무다. 성장이 빠르고 수형이 단정하며 노거수가 많다. 마을 어귀마다 수호신처럼 고목으로 서서 시원한 그늘을 만들어주는 정자나무이기도 하다. 당산나무로 신성시하여 마을의 안녕을 빌었으니 어느 낯선 동네 입구에 서 있는 고목이 된 느티나무를 보면 영혼이 깃들어 있는 것 같아 절이라도 하고 싶게 머리가 조아려진다.

짧게는 조선시대, 길게는 고려나 신라인과 삶을 함께 해온 나무들도 꽤 있다. 느티나무는 우리나라 나무 중 은행나무와 함께 수명이 가장 길으니 몇 백 년은 보통이고 웬만하면 천 년이 훌쩍 넘어간다. 긴긴 세월을 이어오면서 맞닥뜨린 민족의 비극도, 애달픈 백성들의 한(恨)도 모두 보고 들으면서 묵묵히 한 자리를 지켜온 나무들이다. 그래서 전설을 간직한 느티나무는 수없이 많고 보호수로 지정된 나무도 많다.

높이 26m, 밑동의 지름이 3m까지 자란다니 넓은 품속에 사람들을 불러 모은다. 아늑한 품 안은 뙤약볕 여름농사에 지친 농사꾼들의 안식처이며, 마을의 크고 작은 일을 결정하는 회의 장소요, 광장이 되기도 한다. 노인들의 쉼터로, 아이들의 놀이터로 늘 사람들과 가장 가까이 함께 살아온 정겨운 나무다.

느티나무목재는 나뭇결이 곱고 윤이 나며, 썩거나 벌레가 먹는 일이 적은 데다 무늬도 아름답다. 갈라지거나 비틀림이 적고 마찰이나 충격에 강하며 단단하다. 한마디로 나무가 갖추어야 할 모든 장점을 다 갖추어 '나무의 황제'라는 별명까지 붙었다.

서민들은 주로 소나무로 집을 짓고 소나무 가구와 기구를 쓰다가 죽어서도 소나무 관에 묻히지만 양반은 느티나무로 지은 집에서 느티나무 가구를 놓고 살다가 느티나무 관에 실려 저승으로 간다는 이야기가 있을 정도로 느티나무 목재를 우리나라 제일로 친다. 유명한 고궁이나 사찰의 기둥 중에는 느티나무 목재를 쓴 것들이 많이 있다.

신라 진평왕 때인 1235년, 찬덕이란 신라 장수는 우리 고장 충북 괴산 근처에 있던 가잠성의 성주였다. 어느 날, 백제군이 쳐들어와 성을 잃게 되자 그대로 달려 나가 느티나무에 부딪쳐 죽었다. 이후 가잠성을 '느티나무 괴(槐)'자를 써 괴산이라 부르게 됐다고 전해진다. 괴산군 일대에는 지금도 느티나무가 많은데 보호수로 지정된 느티나무만 90여 주에 이른다고 한다.

가을을 배경으로 곱게 물들인 느티나무가로수를 눈이 시도록 바라보며 내 마음도 저렇게 곱게 채색되었으면 싶다. 이 가로수들이 노거수가 되어 느티나무 터널을 이룬 날, 삼삼오오 그 나무 밑에 모여 앉아 담소를 나누는 정겹고 화려한 풍경을 상상해 보는 것만으로 행복하다.

(2017.)

숨쉬기도 힘든 세상

곱디고운 봄꽃들이 바톤을 주고받으며 이어달리기를 하는 화창한 봄날이다. 흐드러지던 벚꽃이 자리를 내주자 갖가지 색깔의 영산홍이 온 산하를 곱게 수놓는다. 요즘 삼천리 금수강산 어디를 가도 온통 꽃물결이다. 이런 좋은 계절을 그냥 보낼 수 있느냐며 동창생 넷이서 봄나들이를 약속한 지난 토요일이었다.

새벽같이 틀어 놓은 TV에서 찬 물을 끼얹는다.

"주말, 한반도를 뒤덮은 올해 최악의 황사가 발생하겠습니다. 가급적 외출을 삼가고, 외출 시에는 반드시 황사마스크를 착용해야겠습니다. 기상청에 따르면 황사와 대기의 영향으로 미세먼지 일평균농도는 '매우 나쁨(201~300mg/m²)' 으로 야외 활동을 자제해야겠습니다…."

가는 날이 장날이라더니 모처럼 받은 날에 황사가 심하다니 강행할 수도 없어 전화연락이 바빴고 아쉽지만 결국 다른 날로 연기할 수밖에 없었다.

황사는 중국 북부와 몽골 황토지대에서 만들어진 모래먼지가 우리나라로 불어오는 흙먼지 바람이다. 그 위력은 대단하여 멀리는 미국 서부까지도 날아간다고 한다. 대기 중에 퍼져서 하늘을 뒤덮었다가 서서히 내려앉는데 3~5월에 많이 발생하는 자연적인 현상이다.

이 황사는 주로 칼슘, 철분, 알루미늄, 마그네슘 등 토양성분이 포함돼 있어 알레르기성 결막염, 비염, 기관지천식 등을 유발한다고 한다. 황사 속 초미세먼지가 혈액에 침투해 피가 굳어져 덩어리를 만드는 혈전이 생길 가능성도 있으며 심하면 부정맥까지 유발할 수 있으므로 순환기 질환자는 매우 유의해야 한단다.

자연적인 현상이긴 하지만 중국 때문에 우리는 크나큰 피해를 보고 있는 셈이다. 중국에 피해 보상을 해달라고 할 수 있는 건지는 알 수 없지만, 그렇다고 중국쪽을 향하여 욕을 하고 주먹질을 해댄들 아무 소용없는 노릇이니 답답하기만 할 뿐이다.

더 무서운 것은 미세먼지다. 미세먼지는 우리 눈에 보이지 않을 정도로 아주 작은 크기인 10마이크로미터 이하의 먼지로, 자동차나 공장에서 석탄이나 석유가 연소되면서 배출된 인위적인 오염물질이다. 황사보다 훨씬 더 작은 먼지 알갱이라서 우리 몸 안에 들어와 악영향을 미친다. 고농도의 미세먼지는 천식 · 기관지염 같은 호흡기 질환은 물론 심혈관, 피부, 안과 질환을 일으키기 때문이다.

그보다 더 작아 입자 크기가 머리카락 굵기의 1/40 이하인 초미세먼지는 세계보건기구가 정한 1급 발암물질이다. 모세혈관도 뚫고 혈액까지 침투해 폐암 발생률을 크게 높이는 것으로 알려져 있다. 또 치매를 유발하고 우울증을 악화시켜 자살률을 높인다는 연구 결과도 발표되었다. 미세먼지가 심한 날은 심근경색으로 쓰러질 수 있는 확률도 높다고 한다. 예를 들면 밀폐된 공간에서 10~ 12시간이상 담배연기를 마시고 있는 것과 같다고 하니 참말 조심하지 않으면 안 될 일이다. 미세먼지는 인위적인 것이니 국제법상 피해보상의 대상이 될 수 있다고 생각하지만 그런 피해 보상을 받았다는 소리는 아직 듣지 못했다.

40이 넘은 아들은 그날 마라톤 대회에 참석한다는 소식을 전해왔으니 그것도 한 걱정이었다. 뒤에 알게 된 일은 주말에 전국 20여 개 단체에서 마라톤 대회가 계획되어 있었는데 황사 때문에 취소한 곳은 한 곳도 없었다니 아직 우리는 황사의 심각성을 인지하지 못하고 있는 것이 아닌가.

요즈음 스마트폰이나 컴을 열면 대기오염 예보가 나온다. 국민들은 그것을 활용하여 생활에 이용해야 한다. 그런데 그 예보가 지자체와 환경부가 기준치도 다르거니와 확실하게 명문화된 지침도 없는데다 들쭉날쭉하여 '못 믿을 미세먼지 예보'라니 이 또한 한심한 일이다. 언제쯤 제대로 된 믿을만한 예보를 받아 볼 수 있을 건지….

세상 살아가기 '힘들다, 힘들다'해도 숨 쉬는 일조차 이렇게 힘들 줄은 미처 몰랐다. 숨 쉰다는 것은 곧 살아있다는 것이요, 1분만 숨을 멈추어도 살지 못한다. 그런데도 숨 쉬는 일은 자동으로, 공짜로 되는 일로 알았지 이런 일이 심각한 걱정거리가 될 줄은 상상도 못했었다. 숨만 잘 쉬어도 건강을 지킬 수 있다고 했는데 숨쉬기도 어려운 세상을 살아가야 하는 우리의 처지가 되었다. 아무 걱정 없이 마음 놓고 숨 쉬며, 산골짝 옹달샘 물도 달게 마시던 그 시절이 그리워진다.

황사와 미세먼지를 막을 수는 없지만, 피할 수는 있다고 했으니 가장 근본적인 숨쉬기 운동부터 잘 해야 하는 이 시대를 우리는 어떻게 현명하게 살아내야 할 것인가.

(2016.)

로뎅양복점

화장실 수건걸이 끝에 걸려있는 옷솔이 눈에 들어온 것은 우연이었다. 매일 수건을 쓰고 걸고 하면서도 어째서 그리도 무심했을까. 몇 년을 눈길 한 번 주지 않았으니 옷솔로서의 역할은 물론 아예 관심 밖이었던 것이다.

30cm는 족히 되는 이 큼지막한 옷솔도 세월 따라 니스 칠이 벗겨져 얼룩이 지고 나이 든 티가 역력하다. 검버섯처럼 번져 나온 거뭇거뭇한 점들이며 목에는 주름살처럼 나뭇결에 실금이 나 있지만 계란형 얼굴 한복판에 고딕체로 큼지막하게 '로뎅양복점'이라고 쓰인 글자는 선명하다. 그 밑에 좀 작은 글씨로 '청주 (한일은행앞) TEL 2-8992'이라는 글씨도 약간 흐려지긴 했지만 알아볼 만하다. 전화번호 앞자리가 2국이라는 한 자리 숫자인 것으로도 세월을 읽는다. 지금 청주의 일반전화 국번호는 세 자리 숫자가 되었으니 격세지감을 느낀다.

초록색 끈에 매달려 한쪽만을 바라보며 몇 년을 꼼짝 않고 누군가의 손길을 기다렸을 옷솔을 내려, 털 것도 없는 내 옷을 툭툭 털어보니 애잔한 마음에 가슴이 찡하다. 이 옷솔을 거기에 걸어 놓은 사람도 애용한 사람도 남편이다. 외출하려면 그는 양복을 들고 샤워실에 들어가 옷솔로 툭툭 털고서 입고 나가곤 했었다. 결국 주인을 잃은 옷솔은 6년 가까이 하릴없이 주인을 마냥 기다리고 있었을 것이다.

로뎅양복점은 남편의 단골이었으며 청주에서 일류 양복점이었다. 청주의 중심가에 위치하기도 했지만 웬만한 신사들은 다 거쳐 갈 만치 유명한 양복점이었다. 남편은 고집스럽게도 그 양복점만 드나들었고 양복을 맞출 때면 꼭 나를 대동하고는 했다. 맞추러 갈 때 함께 가서 천과 색깔을 고르고, 가봉할 때도, 찾으러 갈 때도 동행을 해야 마음이 놓이는 모양이었다.

사장님은 양복 짓는 솜씨도 일품이었지만 인품도 넉넉하고 훈훈하여 값은 비싼 편이었지만 늘 성업 중이었다. 그 많은 사람 중에 오직 한 사람, 각자의 특별한 신체 구조에 맞추어 손님을 만족시키기 위한 장인정신이 투철한 분이었다. 양복 한 벌을 완성하는 데는 적어도 5~6일은 걸려야 한다며 정성을 다 하였다.

독일에 사는 시누이 내외가 결혼하고 첫 방문을 한 때였다. 독일 사람인 시누이남편은 한국의 갖가지 풍물을 구경하러 시가지 골목골목까지 누비고 다니길 좋아했다. 남편이 퇴근하면 같이 밤에 시가지 구경을 나가는 것에 재미를 붙였다. 다방(茶房)에 데리고 갔더니 독일에는 없는 문화라며 예쁜 다방 아가씨들을 신기해하고 시간만 나면 다방에 가자고 졸랐다. 양복점 앞에서 독일에서는 특별한 사람이나 맞춤옷을 입는다며 자기는 기성복 외에 입어본 일이 없다고 부러워했다.

우리는 그에게 선물로 양복 한 벌을 맞추어 주기로 했다. 그는 손사래를 치며 그 비싼 것을 받을 수 없다고 사양했지만 결국 로뎅양복점에서 세로 줄이 들어간 진한 회색빛 양복을 맞추어 주었다.

양복점 사장님은 키가 크고 등치가 만만치 않은 그를 보고 "양복 두 벌 값을 받아야겠네."라고 농담을 하며 독일까지 자기의 솜씨를 뽐낼 수 있는 기회이니 최선을 다해 만들겠다고 거듭 다짐하기도 했다.

양복을 찾아 온 날 시누이남편은 가족들 앞에 입고 나와 맞춤옷은 평생 처음이라며 기쁨에 겨워 춤을 추기 시작하자 우리 아이들과 한바탕 춤판이 벌어지기까지 했다. 그는 독일에 가서도 친구들에게 맞춤양복을 자랑하며 즐겨 입었다고 전한다. 이제 몸이 불어 작아져서 입지 못하면서도 버리지 못하고 간직하고 있다고 시누이가 작년에 와서 귀띔했으니 그때 함께 넣어 가지고간 그 옷솔도 아직 건재할까 궁금해진다.

80년대만 해도 청주에 양복점이 100여 군데가 넘었다고 한다. 이젠 기성복에 떠밀려 설자리를 잃고 양복점들이 거의 문을 닫았다. '로뎅양복점'도 어느 샌가 자취를 감추었다. 지금도 성안길에서 중앙공원 들어가는 입구에 있던 그 양복점 앞을 지날 때면 발길이 멈추어지고 예사로 보이지 않는다. 하늘나라로 떠난 남편과의 추억이 서린 곳이 그 곳뿐일까만….

지금은 소수의 특수체형을 가진 사람이나 노신사들이 몇 개 남지 않은 양복점의 명맥을 이어가고 있어 청주에 너댓 군데에 지나지 않는다고 한다. 하지만 요즈음 다시 개인의 취향과 개성이 존중되면서 복고풍의 맞춤 양복에 관심을 갖는 분들이 늘어나고 있단다. 하지만 요즈음 새로 생긴 맞춤 양복점들은 '이지 오더(easy order) 시스템 양복'이라고 해서. 치수를 재고 원단을 선택하면 공장에서 제작해 주는 방식이라고 하니 순수한 맞춤 양복이라고 하기엔 좀 그렇다.

사라져 가는 것이 양복점뿐이겠는가. 그 많던 맞춤양장점도 거의 없어졌고, 맞춤구두집도 사라지고 기성화가 판을 친다.

옷은 사람의 몸과 영혼이 담긴 그릇이 아닐까. 미래의 양복은 어떻게 발전할까, 이제 인공지능(AI)이 발달되고 3D 프린터가 기업에서 학교를 거쳐 소비자의 집으로 보급될 날이 머지않았다. 자신이 디자인 한 옷을 3D 프린터가 찍어내는 날이 올 수도 있지 않겠나.

애용하던 사람은 갔고 크게 쓸 일도 없을 것 같은 옷솔을 다시 그 자리에 걸어 놓는다.

(2017.)

아름다운 마무리

정직한 글을 쓰고자 했고,
누구나 알아들을 수 있는 쉽게 읽히는 글을 쓰려고 노력했다.
잘 쓰는 사람을 흉내 내려 하지 않았고
나만의 색깔로 쓰려고 했다.
내 문학의 성적표는
세 권의 수필집과 한 권의 칼럼집으로 남았지만
대어를 낚지는 못했다.
나는 커다란 결과물보다는 수필을 잘 써 보겠다고 노력한
그 과정이 힘들었지만 지금 와서 보면
참으로 행복한 순간들이었다.

악마의 속삭임

머리를 세게 도리질해 본다. 눈을 꼭 감았다 떠 본다. 고개를 앞뒤로 젖혀도 본다. 이래 봐도 저래 봐도 정신은 혼몽하고 가슴은 울렁거린다. 거울 앞에 선다. 내 눈은 풀려있고 초점이 흐리다.

거실은 신문과 책들로 어질러져 있고 주방과 식탁 위도 어지럽다. 급한 불부터 끈다고 오늘 새벽에 화초들에게 물을 주며 정리한 덕에 베란다는 멀끔하니 그나마 다행이다. 달콤한 꿈에서 깨어났을 때 이랬던가. 말도 안 되지만 '설마'하면서 그 악마의 눈치를 보며 그가 이끄는 대로 따라가다니. 나 스스로에게 부끄러워 얼굴이 붉어진다.

맞다. 내가 요즘 뭔가 들떠있었다. 차분하게 앉아서 기도하지 못했다. 읽던 성경도 밀어놓고 아침 9시 반에 나가면 오후 5시가 되어야 집에 들어오곤 했다. 복지회관에 가서 운동하고, 이것저

것 배운다고 집적거리고, 친구 만나고, 문학회며, 이런저런 모임에 참석하느라 바쁘다는 말을 입에 달고 살았다. 마음이 공허 할수록 밖으로만 나돌았다. 이 틈을 노려 악마가 달콤한 말로 나를 꼬드기며 속삭였다. 하긴 내 평생에 이렇듯 존중받고 대우 받아보기는 처음이었으니 내가 시험에 들었던 것이다. 그것도 일주일이 넘도록.

지난주 일요일, 내 카스토리에 외국 남자 두 사람이 '좋아요'를 누르고 댓글을 달았다. 두 남자 다 젊은 사람이었다. 글로벌 시대에 그럴 수도 있겠다싶어 대수롭지 않게 여겼다. 한 남자가 이야기를 나누고 싶으니 카톡 친구로 초대해 달라며 아이디를 알려왔다. 가족을 밴드에 초대해 본 적이 있지만 까마득했다. 영어와 숫자를 조합한 카톡 ID로 미로를 찾듯 시도하자 어렵지 않게 그의 카톡방이 열렸다. 모든 것이 비공개로 되어있다.

그의 사진을 터치하자 잘 생긴 얼굴이 나타났다. 정말 준수한 미남형이었다. 내 큰아들보다는 나이 들어 50대 초반쯤으로 보였다. 그는 반갑다며 자기는 미국 조지아 출신이며, 육군 소속이고 6개월째 평화유지군으로 시리아의 다마스쿠스에 와 있는데 메이저 장군이라고 했다. 전쟁의 위험성을 실감하고 곧 퇴역하여 한국에 정착할 계획이란다. 고아원에서 자랐으며 20살에 입대하여 28년간 군인으로만 살았다고 했다. 결혼하여 아들 하나를 두었지만 무서운 교통사고로 가족을 다 잃고 단신이라는 것이다.

그는 한글을 곧잘 썼다. 어순이 맞지 않고 존댓말을 쓰지 않을 뿐 의사소통에는 지장이 없었다. 전장에서 만난 한국병사에게 한글을 배웠으며 자기는 아픈 기억을 되살리기 싫어 미국으로 돌아가지 않을 것이며, 아름다운 나라 한국에서 살고 싶다는 것이다. 그 한국병사는 얼마 전 작전에서 목숨을 잃고 지금은 자기 곁에 없어서 많이 안타깝다고 했다. 전쟁터의 위험성을 말했고, 자기는 퇴역 신청을 해 놓고 그 승인을 기다리고 있다니 그에게 측은지심이 우러나기에 충분했다.

그는 내 카톡 사진이 무척 아름다우며 자기가 한국에 오게 되면 집을 사고 자동차 사업에 투자할 계획이며 아는 사람은 당신뿐이니 많이 도와 달라고 했다. 나는 나이가 많은 사람이고 돈 버는 일도, 자동차 사업도 아는 게 없으니 내가 무슨 도움이 되겠느냐며 정중하게 거절했다. 그는 당신이 유일한 아는 사람이고 희망이라며 도와 달라는 간청이 극진했다. 하루빨리 퇴역 승인이 나서 전쟁터를 벗어나 한국에서 자유롭게 살고 싶다고 했다.

그는 아침 6시 반이면 카톡으로 나를 깨웠고 꽃다발을 바치며 이야기하고 싶다고 했다. 아침은 무엇을 먹으며 오늘 일정은 어떻게 되느냐, 운전 조심해라, 당신은 참 마음씨 좋은 여자인 걸 느낀다. 내 카톡 사진을 보고 있다며 달콤한 말로 나를 추켜세웠지만 선정적인 말 같은 것은 한 번도 하지 않고 예의 바른 것이 카톡 사진의 느낌과 맞아떨어졌다.

그곳은 우리와 7시간의 시차가 났으니 내가 아침이면 그곳은 밤 12시였다. 자기는 젊은 병사들을 훈련시키는 시간 외에는 통제실에서 근무한다고 했다. 나는 '시리아는 먼 나라이고 나를 어쩌랴.'싶었다. 5시에 집에 들어오면 그가 어김없이 다가왔고 할 일을 제쳐 놓고 밤 11시까지 카톡 놀음에 빠졌다.

수요일에 그는 드디어 오늘 퇴역 승인이 났으며 퇴직금으로 2,618,000$을 받았다는 것이다. 그것은 한국 돈 27억쯤 될 것이라고 하더니 사진이 날아 왔다. 견고하게 생긴 철제 박스에 돈이 가득 들어 있는 사진과 그것을 닫고 봉인한 상자의 사진이었다. 그는 그것을 패키지라고 불렀다. 그 돈을 내 집으로 부칠 테니 주소와 전화번호를 알려 달라는 것이다. 말도 안 되는 줄 알면서 어쩌나 보려고 내 이름과 주소를 찍어주었다. 5시쯤 집에 돌아오니 그는 항공사에 패키지를 부친 영수증 사진을 보내왔다. 그때까지 나는 잃을 것이 없다는 계산이었다.

토요일이 되었다. 항공사로부터 카톡이 왔다. 그 패기지가 칠면조(터키)에 도착했고, 현금을 프리미엄으로 전환해야 한다며 일반 보험료 10,800$과 급행보험료 15,800$ 중에서 선택하라는 것이다. 나는 그에게 이 사실을 알렸고, 그는 자기가 항공료를 다 지불했다며 잘 모르지만 보증금일거라는 것이다. 일반 보험료 10,800$을 선택한다 해도 줄잡아 1,080만원이다. 아마 108만원을 요구했다면 생각해 볼 여지가 있었을지도 모른다.

인터넷을 뒤져 피싱의 사례를 찾아냈다. 거의 똑같은 수법의 사례가 나와 있다. 그는 내가 보증금을 내주면 한국에 와서 꼭 갚을 것이며, 내 반응이 싸늘하자 자기 퇴직금의 30%를 내게 줄 것을 약속한다며 간곡한 말을 끊임없이 쏟아냈다. 만약 그 돈을 분실하면 자기 인생의 전부를 잃는 것이니 죽어 버리고 말겠다고 했다. 27억의 30%는 8억이다. 헛웃음이 나왔다. 내가 침묵하고 있자니 그는 온갖 말을 다 동원하여 나를 설득하려 했다.

일요일 아침 나는 그에게 통보했다. "윌리엄 씨, 유감스럽게도 당신이 피싱이라는 것을 알아버렸네요. 잘 살아요."라고. 그는 무슨 말을 하는 거냐며 자기는 정직하고 존경 받는 사람인데 무시당했다면서도 포기하지 않고 나를 설득해 보려 애썼다. 나는 "끝"이라는 한 글자를 날렸고 그는 물음표(?) 6개를 찍었다. 악마의 속삭임과 일장춘몽은 일주일의 단편으로 끝을 맺었다. 허망한 꿈이었다.

(2018.)

젓가락

내가 젓가락을 처음 잡은 것은 몇 살 때였을까. 아무리 빨라도 젖을 뗀 서너 살쯤이 아닐까. 손녀딸이 세 살 때 제어미가 에디슨 젓가락을 사다 들려주던 일이 생각나니 말이다.

수저는 내가 어려서부터 지금까지 하루도 사용하지 않는 날이 없으며 죽는 날까지 삼시 세끼 언제나 내 손에 들려져야 할 테니 정말로 내 신체의 일부요, 생명 같은 도구다. 수저를 놓고 다시 잡을 수 없다는 것은 곧 죽음을 의미한다.

수저 서랍을 열어본다. 은수저, 스테인리스수저, 플라스틱수저 중국에서 사온 상아 젓가락, 그리고 찻숟가락, 포크가 서랍 속에 얌전히 놓여 용도에 따라 불려나오기를 기다린다. 귀할 것도, 값나가는 것도 없지만 하루도 없어서는 안 될 물건들이다. 갑자기 빠르고 경쾌한 〈젓가락 행진곡〉이 환청으로 들려온다.

지금 청주에서는 작년에 이어 두 번째 젓가락 페스티벌이 열리고 있다. 청주시가 동아시아의 문화도시, 세계 속의 문화도시를 지향하며 이어령 초대 문화부장관을 명예위원장으로 각계 전문가들을 위촉하여. 젓가락을 조명하고 있다. 한중일 3국의 공통된 문화인 젓가락에 담겨있는 문화원형을 탐구하고 전시, 공연, 학술, 영상 등을 통해 문화적 다양성을 이해하고 새로운 문화콘텐츠로 특성화에 나섰다.

전시장에는 3천여 점의 수저들이 공예품과 함께 전시되어 있고 장인들의 공예품 시연까지 다채로운 볼거리가 마련되어 있다. 무심코 보던 젓가락에 새로운 의미를 부여하고 있는 것이다.

젓가락을 처음 발명한 것은 중국이며 3천 년이 넘은 것으로 추정된다. 우리나라도 1천 년이 훨씬 넘은 백제의 무령왕릉에서 청동수저가 발굴된 것으로 보아 조상들이 오랫동안 수저를 사용해왔다는 것을 알 수 있다.

젓가락을 사용하는 나라는 한중일 삼국을 비롯한 베트남, 싱가포르, 몽골 등 동아시아권으로 15억여 명이 쓰고 있는데 각 나라의 생활상과 문화에 따라 젓가락의 모양과 기능들이 서로 다르게 형성되었음을 알 수 있다.

중국 젓가락은 끝이 뭉툭하고 길다. 가족들이 원탁에 둘러 앉아 빙그르르 돌려가며 개인 접시에 음식을 덜어 먹기 때문에 멀리 있는 걸 집어 먹으려니 긴 젓가락이 필요했던 것이다. 기름에 튀기는 음식이 많고 면류를 즐겨먹었기 때문에 대나무 젓가락을 많이 사용했다. 중국에서 발전한 젓가락 문화가 한국, 일본까지 영향을 끼쳤다.

일본은 섬나라이기 때문에 생선을 많이 먹는다. 생선은 살이 잘 부스러지기 때문에 젓가락이 뾰족하고 짧은 게 편리했다. 가벼운 나무그릇을 사용하고 숟가락 없이 옻칠한 젓가락을 이용해 밥을 먹고 된장국도 젓가락으로 건더기를 건져먹고 후루룩 마셨기 때문에 더욱 그런 모양이 유용할 것이다.

우리 조상들은 가족이 함께 먹기는 해도 남녀 그리고 어른이 따로 밥상을 받았기 때문에 젓가락이 길 필요가 없고, 또 숟가락과 함께 사용해 왔다. 일본처럼 뾰족할 필요도 없고 중국처럼 뭉툭하지도 않은 중간쯤이다. 우리는 중국, 일본과 다르게 금속젓가락을 많이 사용한다. 쇠젓가락은 단단하고 불에 타지 않아 오래 쓸 수 있고 고기를 찢어먹거나 음식을 찍어 먹는 데도 편리하기 때문이다. 하지만 일본 것에 비하여 디자인이 단순하여 예술적인 면에서는 뒤떨어진 게 아닌가 싶다.

청주의 '분디나무 젓가락'은 특별했다. 고려가요 '동동'의 12월령가에 분디나무 젓가락이 나오는데 그것은 바로 산초나무 젓가락이었다. '분디'라면 잘 모르겠는데 '산초'라고 하니 알겠다. 이 분디나무는 곧고 가늘게 자라며 속에 심이 있어 단단하다. 나무를 넘어 약초의 성질을 가졌기에 음식의 변질을 막아주고 구취와 염증을 가라앉히며 자연 친화적이라 청주의 특산품으로 개발하면 좋은 아이템이 될 것 같다.

노벨문학상 수상작가 펄벅 여사는 "한국인의 젓가락질은 밥상 위의 서커스를 보는 것처럼 신기하다."고 했다. 우리는 콩자반을 집어 먹을 만치 젓가락질이 능숙한 데 비하여 서양 사람은 그렇지 못하다. 지금 유럽 사람들은 한국의 숟가락 젓가락을 컬렉션 하는 유행이 번지고 있다고 한다.

어릴 때부터 젓가락을 쓰면 뇌 활동을 촉진시켜 머리가 좋아지고, 노인의 치매예방에도 좋다고 한다. 젓가락을 쓸 때, 손가락, 손바닥, 손목, 팔꿈치 등 30여 개의 관절과 50여 개의 근육을 움직여야 한다. 뇌손상을 입은 환자의 재활치료에도 젓가락질이 활용된다고 한다. 동양인들이 수학을 잘하는 것은 젓가락 사용에서 기인된 것이며 우리나라가 반도체, 줄기세포, 복제기술, 양궁, 골프, 기능올림픽에서 석권할 만치 손재주가 우수한 것도 젓가락 사용과 무관하지 않다.

우리 민족은 '흥'이 많아 술 먹고 신이 나면 젓가락 장단에 노랫가락이 나온다. 쇠젓가락은 소리도 잘 내며 밥상의 젓가락장단이 바로 우리의 싸이를 만들어낸 원천인지도 모른다.

100년 가까이 3대를 이어온 일본 젓가락 제조회사 효자에몽은 나무를 깎아 전통기법으로 옻칠한 젓가락을 1년에 100만 개씩 생산한다. 이 회사에서 만든 1억이 훌쩍 넘는다는 고급 젓가락이 눈길을 끈다. 흑단나무에 금과 다이아몬드를 박았으니 참말 호화롭다.

사람도 짝이 있듯이 젓가락도 짝이 있어야 제 역할을 하니 짝의 의미를 깊이 생각하게 한다. 젓가락문화는 짝의 문화, 정(情)의 문화, 음양의 문화, 나눔의 문화라고 했다. 미래의 젓가락은 어떻게 발전하고 변모할까 자못 궁금하다.

2015년 유네스코가 인류의 삶에 영향을 끼칠 IT 기술 10개를 선정했는데 중국 바이두가 개발한 스마트 젓가락 '콰이써우'가 선정되었다. 젓가락 끝에 센서가 달려있어서 음식의 성분을 알려주고 혹시 안 좋은 것이 들어 있는지를 검색해 LED가 빨강색, 파랑색으로 표시해 준다니 놀랍지 않은가. 우리도 생활의 편리와 건강에 도움이 되는 기발한 젓가락을 발명할 수 있기를 기대해 본다.

(2016.)

단비를 기다리며

보고 싶습니다. 만나고 싶습니다. 애타게 그립습니다. 흠뻑 맞고 싶습니다. 밤낮없이 당신의 모습을 그리며 시름에 젖으니 제 마음은 이미 상사병에 이른 것 같습니다. 이렇게 한 달을 훌쩍 넘기도록 당신을 만나지 못한 것은 제 평생에 처음 있는 생각지도 못한 일입니다.

인간의 체온을 넘어선 섭씨 38도는 보통이요 40도에 육박하는 폭군으로 다가와 한 달 넘게 행패를 부리고 있는 이 폭염을 뜯어 말려 주고 수습해 주어야 할 당신은 도대체 그림자도 보이지 않으니 어찌된 일입니까. 무엇이 당신의 발목을 잡고 놓아주지 않는지 정말 궁금하다 못해 답답하고 가슴이 메어집니다.

날이면 날마다 당신을 기다리다 지쳐서 이제는 원망스럽고 배신감마저 듭니다. 세상은 온통 메말라 땅이 갈라지고 산천초목과 논밭의 곡식들은 배배 꼬이고 마르고 뒤틀리다 못해 목숨줄을 놓고 있습니다. 겨우 살아남은 것들은 명줄만 붙어있을 뿐 숨소리조차 기척이 없어 오늘 낼 하는 지경인데 당신은 소문으로라도 듣지 못했단 말입니까.

저수지는 물 한 방울 없이 밑바닥을 드러내는 볼썽사나운 모습이고, 폭포라는 폭포는 다 말라 뼈대가 드러나는 판인데 당신은 어디서 무얼 하기에 기척조차 없단 말입니까.

열흘 전쯤 당신이 오늘은 꼭 오실 거라는 기상대의 기별이 있기에 어찌나 반갑던지 아침부터 밖에 시선을 꽂고 있었지만 하늘은 가을 하늘처럼 파랗기만 하여 애꿎은 기상대 사람들에게 화살을 퍼부었지 뭡니까. 집 안 일도 되지 않아 베란다로 나가 하늘 한 번 쳐다보고 구룡산 너머 먼 하늘까지 목을 빼고 찾아보지만 당신의 그림자도 보이지 않고 따가운 햇볕만 기승을 부려 아스팔트가 펄펄 끓는 지경이니 숨이 턱턱 막힙니다.

우리 집에 에어컨도 없다는 것 당신 뻔히 알면서 도대체 어디서 무얼 하시기에 이렇듯 무소식이란 말입니까. 혹여 젊은 계집 만나 늦바람이라도 났단 말입니까? 신뢰 하나로 믿고 살아온 당신이 설마 그렇진 않을 거라고 도리질을 하다가도 사내란 다 그렇고 그런 거냐고 혼자 반문하기도 한답니다. 잘못이 있으면 돌아와서 따질 일이지 몽니만 부린다고 대수인가요.

더러 무심한 사람을 놓고 '무소식이 희소식'이라는 말로 쓸어 덮어 주는 일이 있긴 하지만 이 경우는 다르지 않습니까. 오늘 뉴스에는 청주에서도 밭일 나갔던 할머니가 땡볕에서 쓰러져 병원으로 달렸지만 끝내 숨을 거두었다는 비보도 있었는데 당신은 바람결에서도 듣지 못하셨나요? 아니면 듣고도 못들은 척 시치미를 떼시는 건가요.

신문에는 말라비틀어진 배추포기를 대문짝만한 사진으로 실어놓으니 내 입술마저 타들어가는 듯합니다. 오늘 저녁 뉴스에서는 200g 시금치 한 단에 8,300원이나 한다며 어떤 아주머니가 저녁 찬거리를 사러 나왔다가 너무 놀라 대신 얼갈이를 샀다며 울상을 짓네요. 이제 요 며칠 안에 당신이 오시지 않으면 우리네 서민들의 밥상에서 상전 노릇을 하던 채소마저도 만날 수 없을까 정말 걱정스럽습니다.

당신이 삐쳐도 단단히 삐친 것이 분명하네요. 초전에 장마라는 말이 아깝도록 찔끔 왔다가 제대로 인사도 없이 도망치듯 가버리지 않으셨던가요. 누가 어디서 당신을 그토록 유혹하기에 뒤도 돌아보지 않고 줄행랑을 놓았는지 모르지만 이제는 집구석이야 어찌되든 말든 당신이 어디 계시는지 찾아 나서야 할 지경이 되었네요.

생각해 보면 그동안 당신은 참말 훌륭하다 못해 위대하였습니다. 저 맑은 시냇물의 나지막한 노래를 들을 수 있던 것도 당신의 공로요, 서로 만나고 모여서 강물을 이루니 온갖 어족들을 키우는 것은 당신 덕분이었지요. 식물이며 동물들까지 아니 우리 인간들의 젖줄이 되어 세상을 푸르른 낙원으로 만든 것도 당신의 지대한 업적이었지요. 그것을 누가 모르겠어요. 공기의 고마움을 잊고 살듯이 당신의 고마움도 잠시 잊었던 것이 사실입니다. 모르지는 않았지만 늘 생각하고 있지도 않았던 무심함을 용서하소서. 진심으로 사과합니다. 인간들의 무심함에 화가 났다면 넓은 아량으로 화를 푸시고 이 미천한 것의 조아림에 알은체를 해 주십사 이렇게 빌고 또 빕니다.

오늘 새벽에 집 앞 불무공원에 나갔더니 미미하나 한 자락 산들바람이 가을을 느끼게 합디다. 이 여름이 다가도록 당신을 보지 못한 한으로 노심초사하니 기쁘게 가을을 맞을 여유조차 없지 싶습니다. 산책로는 먼지가 풀풀 날려 검은 운동화가 하얗게 될 지경입니다. 나무들은 목이 말라 하늘만 쳐다보며 지쳐서 늘어지고 봄에 그토록 곱게 피었던 영산홍들은 가뭄에 잎이 누렇게 타서 볼품없네요. 초라한 몰골이지만 목숨 부지하느라고 안간힘을 쓰더이다. 참나무에 달렸던 도토리는 익기도 전에 시퍼런 채로 다 떨어져 산책길에 뒹굴고 회화나무 꽃도 시답지 않게 피었다가 그나마도 오소소 떨어지고 마네요. 지렁이들은 땅속에도 물이 없는지 모래밭에 뒹굴며 자살이라도 감행할 모양이지만 어찌해야 좋을지 방도를 모릅니다.

우산을 받고 이 공원을 돌던 지난봄이 그립습니다. 당신의 나지막한 속삭임에 맞춰 콧노래를 부르면 당신도 우산을 두드리며 장단을 맞추고 좋아했었지요. 봄이면 자근자근 다정한 목소리로 속삭이며 새싹들을 깨우는 다감한 당신이지요. 여름이면 기세 좋은 사내처럼 박력 있게 달려와 나를 포옹하기도 하던 멋진 사내였지요. 그 많은 나무들을 끼끗하게 목욕시켜 놓고는 빠이빠이 손을 흔들며 내달리던 그 용맹스러움도 참말 마음에 들었지요.

가을이면 빨간 단풍잎을 깨끗이 씻어 더욱 빨갛게 화장해주는 낭만적인 멋쟁이였지요. 강에 이르러서는 파란 비단 폭이 되어 큰 가슴으로 품어주기도 했고, 바다에 이르면 바람을 타고 파도를 가르는 장군 같은 면모도 보여 줄줄 알던 당신인데 어찌 이리도 속을 태우십니까?

이제 그만 화를 푸세요. 내 자존심 같은 건 내팽개치고 이리 두 손 모아 싹싹 빌리다. 제발 용서하시고 돌아오세요. 다시는 당신 비위를 건드리는 일도 자존심 상하게 하는 일도 없을 터이니 사내대장부의 면모를 잃지 마시고 너무 늦기 전에 돌아오소서.

당신이 돌아오는 날 노래를 부르라면 동네가 떠나가도록 노래를 부를 것이요, 춤을 추라면 자진모리장단에 맞추어 덩실덩실 춤을 추오리다. 일편단심 당신만을 기다리는 이 마음 부디 저버리지 마시고 돌아오소서. 당신이 타관에서 계집질을 했다 해도 식솔들을 위하여 내 큰맘 먹고 한 번만 용서하리다. 여자가 한을 품으면 오뉴월에도 서리가 내린다는 말 당신도 잘 아시지요? 당장 내일이라도 발길 돌려 돌아오소서. 당신이 원하는 대로 다 들어드리고 모든 것 다 용서한다고 약조하리다. 오늘도 당신을 기다리며 조곤조곤 당신의 이야기소리를 그리워하며 혼자 잠자리에 듭니다.

(2018.)

꽃샘추위

베란다에서 화초에 물을 주다 목을 빼고 밖을 내다보니 햇살이 길게 촉수를 늘여 공원 가득 봄볕을 실어 나르고 있다. 공원 산책로를 따라 서 있는 나무들이 저마다 다양한 자태와 표정으로 서서 봄볕 세례를 받고 있다. 매운 겨울을 이겨낸 나무들이 대견스러운데 벌써 땅속에서 물을 퍼 올리기라도 하는 걸까. 가지 끝에 연둣빛이 완연하다.

진정 봄인가 싶어 겨우내 닫혀있던 베란다 문을 밀었더니 생각과는 다르게 찬바람이 와락 달려든다. 겨울 속에 봄이요, 봄 속에 겨울이다. 봄이 왔다고 하나 진정 봄은 아닌 듯싶다.

겨울은 무슨 미련이 그리 남아 봄이 오는 것에 심술을 부리며 떠나지 못하고 주춤거리는 걸까. 봄은 언제나 쉽게 오지 않았다. 꽃샘추위가 수차례 앙탈을 부린 후에야 더딘 걸음으로 어렵게 찾아온다는 것을 해마다 겪어 알면서도 그때마다 꽃샘추위가 얄밉다.

'꽃샘추위'라는 말을 지은 이는 누굴까. 참말 그 표현이 절묘한데다 곱고 예쁜 말이 운치가 있고 문학적이기까지 하다. 그 예쁜 말 때문에 그저 미워할수만 없는 매력이 있는지도 모른다. 꽃이 피는 것을 시샘하기도 한다지만 잎이 피어나는 것을 시샘한다 하여 "잎샘추위"라고도 한다.

이제 정말 봄인가보다고 겨울옷을 벗고 봄옷을 차려입고 나가면 어디에 숨어 있다가 여지없이 달려드는 꽃샘바람이 품속으로 파고드는 낭패를 몇 번 겪고나야 진정한 봄이 온다. 봄이 아무리 그리워도 꽃샘추위를 몇 번이고 건너야 만날 수 있는 것이기에 봄은 더 기다려지는지도 모른다.

꽃샘추위는 오래 지속되지 않지만, 따뜻해진 날씨에 마음이 해이해졌을 때 불현듯 찾아오기 때문에 동파 피해를 입히는 경우가 많다. "꽃샘추위에 설늙은이 얼어 죽는다." "꽃샘잎샘에 장독 깬다."는 속담이 있듯이 어느 때는 4월 초순에도, 벚꽃이 필 무렵인 중순에도 한 차례의 꽃샘추위가 몰려오기도 한다. 하지만 꽃샘추위는 조금만 더 잘 견디면 반드시 봄은 찾아올 것이라는 희망을 담은 말이기도 하다.

불현듯 매화꽃 생각이 난다. 잊고 있었던 그들의 안부가 궁금하여 공원으로 나갔다. 공원 한쪽 아파트 벽을 등지고 매화 세 그루가 해마다 봄을 제일 먼저 알린다. 아니나 다를까 꽃은 어느새 만개해 있다. 제일 동쪽 양지바른 곳에서부터 피기 시작하여 번지듯 서쪽으로 옮아가며 피어서 끝에 있는 나무의 꽃은 반쯤 벙글었다. 배틀한 매화 향이 연하디 연하다.

바람이 이렇게 찬데 아랑곳 하지 않고 이 셀 수도 없이 많은 꽃을 어찌 다 피웠을까. 희고 보드라운 다섯 개의 꽃잎, 가운데는 빨간 꽃받침이 비춰 보이고 소복하게 많은 수술 속에 암술 한 개가 곧추 서있다. 수술 끝에 노랗게 맺힌 꽃가루를 모으러 벌들이 어디서 이렇게 많이 왔단 말인가. 이 꽃 저 꽃을 옮겨 다니며 바쁘게 움직이는 벌들을 보니 참으로 앙증맞고 사랑스런 풍경이다. 나무는 작년보다 키가 훌쩍 커서 고개를 젖혀 보아야 나무의 끝이 올려다 보인다. 꽃샘바람에 매화 가지가 흔들리고 파란하늘은 더없이 푸르다. 먼데 공중에서 삐릿삐릿 종달새 소리가 환청으로 들려온다.

아침에 일어나 밖을 내다보니 이게 웬일인가. 지붕에도, 차에도, 눈이 하얗다. 기온은 영하로 곤두박질치고 매화꽃 가지 사이에도 눈이 소복하다. 동장군이 가던 길을 되돌아온 모양이다. 그냥 물러나기 아쉬워 허세라도 부리는 걸까. 끝난 듯 끝나지 않은 꽃샘추위에 바르르 떠는 매화꽃이 안쓰럽다. 밤새 눈을 맞으며 얼마나 추워 떨었을까. 하지만 겨울 삭풍을 이겨낸 매화꽃이기에 이 추위를 무난히 건널 것이고, 햇볕은 눈을 녹이고 매화꽃을 포근히 감싸 안을 것이다. 이런 때일수록 좌절이 아닌 희망을 선택하는 지조 있는 매화일 것이라고 믿는다.

매화나무 밑에서 추위를 견디며 소복소복 돋아났던 돌나물도 눈 속에 입술이 파래져서 떨고 있다. 저희들끼리 몸을 기대고 의지하기에 더러 밟히고 꺾어져도 생명을 포기하지 않는 강인한 식물이니 그도 굳굳하게 자라날 것이라 믿는다.

우리네 살아가는 모습도 그저 평탄하지만은 않다. 어느 날 시련이 찾아와 우리 앞을 가로 막는 일이 한두 번이던가. 그런 시련을 수차례 겪으면서 우리는 성숙해지는 게 아닌가.

산다는 것은 불현듯 닥치는 꽃샘바람처럼 시련의 아픔을 견디고 다시 일어서는 것이기에 살아있다는 것만으로 위대하고 장한 일이다.

어쩌면 꽃샘바람 덕분에 꽃은 교만하지 않고 더 실하게 피어나고, 사람 사는 일도 시련을 겪고 다시 일어선 사람만이 승리자가 된다는 것을 다시 마음에 새겨본다.

분홍치마 노랑저고리 차려입은 화사한 봄이 더욱 기다려진다.

(2017.)

황새 아버지의 20년

거실에 앉아 남쪽 베란다 밖을 내다본다. 햇살이 폭포처럼 쏟아진다. 밖은 영하의 날씨라는데 안에서 바라보는 밖은 봄 날씨 같다. 마치 차안에 앉아서 밖을 내다볼 때처럼 말이다.

하긴 입춘이 지났으니 봄인가. 아니지. 절기는 언제나 한 발짝 먼저 앞장서서 와 있으니 늘 아귀가 맞지 않는다. 하지만 기다리지 않아도 온다는 봄이 멀지 않은 것은 틀림없다.

'아! 저 새…'방금 하얀 새 한 마리가 동에서 서로 직선을 그리며 남창을 가로질러 순식간에 사라졌다. 하얀 새의 너울거리는 우아한 날갯짓이 잔상으로 남았을 뿐, 새의 모습은 간데없다. 오늘 처음 있는 일이 아니고 가끔 스쳐가는 바깥풍경이다. 실체를 확인하지 못하지만 내 마음대로 '황새'라고 짐작해 왔다. 저기 서남쪽에 위치해 있을 교원대에 산다는 황새 무리 중에 한 마리가 어디 심부름이라도 다녀오는 길일 거라고….

한국교원대학교 생물교육과 박시룡 교수의 얼굴이 떠오른다. 나는 그분을 잘 모른다. 신문기사나 TV 화면을 통하여 본 모습을 기억할 뿐이다. 그러나 그분이 '황새의 아버지'라는 것은 잘 알고 있다. 내 집에서 아주 멀지 않은 곳에 교원대가 있으니 황새를 보러 한 번 가보겠다고 벼르기만 하고 있었는데 박 교수의 퇴임 소식을 신문에서 접하고는 나의 게으름을 자책하지 않을 수 없었다.

사실 나는 두루미, 황새, 백로, 왜가리를 제대로 분간하지 못한다. 그 새가 그 새 같고 비슷비슷해서 구분이 잘 안 된다. 정수리에 빨간색을 띤 새가 두루미라는 구분만 할 뿐이다.

천연기념물 199호인 황새는 1960년대만 해도 국내에서 흔히 볼 수 있던 텃새지만 환경파괴로 서식지와 개체수가 급격히 줄어들었다. 한반도 마지막 야생 황새는 1971년 충북 음성군 생극면에서 발견됐다. 하지만 그해 수컷이 밀렵꾼의 총에 맞아 죽었고 '과부 황새'로 불리던 암컷 황새도 서울대공원으로 옮겨져 1994년까지 살다 죽었다. 이로써 한반도 황새는 국내에서 완전히 멸종됐다.

1995년, 희귀조류 연구학자 故 김수일 교수의 제안을 받은 박 교수는 본격적인 황새복원에 나서게 된다. 다음해 어렵게 교원대에 황새복원센터를 설립하고 러시아에서 어린 황새 한 쌍을 들여와 인공 번식을 시도했다, 1999년 4월에는 국내에서 처음으로 일본에서 기증받은 황새 알을 부화해 2마리의 건강한 새끼를 얻었다. 드디어 2002년 세계에서 4번째로 인공번식에 성공을 거둔다. 이후 개체수가 점점 늘어 현재는 167마리로 불어났으니 대 성공이다.

특히 지난해에는 황새복원 20년 만에 야생 방사 황새 자연 번식을 이뤄내는 성과를 거두어 국내 황새 복원사의 큰 획을 다시 그었다. 박 교수는 퇴임식 고별강연에서 "2016년 방사된 황새들 중 한 쌍이 자연에 둥지를 틀고 자연번식에 성공했을 때를 떠올리면 지금도 가슴이 먹먹합니다. 이때가 황새를 복원해 오면서 가장 감격스러운 순간이었습니다."라며 울먹였다니 내 가슴도 찡하다. 하지만 얼마 지나지 않아 이 한 쌍 중 한 마리가 선로에 감전돼 새까맣게 타 죽었으며 현재는 혼자 된 수컷과 새끼들만 살아가고 있다니 아쉽고 안타까운 일인들 얼마나 많았으랴.

그는 황새 복원에 그치지 않고 야생 방사에도 적극적으로 나서 2015년 6월 충남 예산군 광시면에 사육관리동과 사육시설을 갖춘 황새 공원이 조성됐다. 황새는 현재 한국교원대 사육장에 96마리, 예산에 67마리가 있고 자연 방사로 서식하는 개체 수는 14마리란다.

'박시룡'이 아닌 '황시룡'으로 불릴 정도로 멸종된 황새 복원을 위해 살아온 세월만 20년, 그 애환을 어찌 말로 다할 수 있을까. 교단을 떠나면서 고별 강연 제목이 〈황새를 부탁해〉였으니 그분의 황새에 대한 애착이 얼마나 깊은지 짐작이 간다, 그는 교단을 떠나지만 황새를 보호하는 시민 활동가로 남아 황새 복원을 지속적으로 도울 계획이라니 고마운 일이다.

고별강연 후에 박 교수가 황새 복원을 시작하면서 그려온 황새 수채화 100여 점이 담긴 타임캡슐 제막식도 진행됐다. 그분의 집념이 얼마나 강했으면 황새를 관리하면서 그림까지 그렸을까. 타입캡슐 개봉일은 2096년 7월 17일이다. 이 날은 러시아 수입 황새가 교원대로 처음 들어온 1996년 7월 17일로부터 꼭 100년째 되는 날이다.

박 교수는 교원대 인근에 위치한 미호천을 중심으로 인공습지와 먹이터를 조성한다면 황새 번식지가 제대로 만들어질 수 있을 것이라며 2018년부터 방사가 시작될 것으로 보인다니 희망적인 소식이다. "미호천에 방사된 황새들이 교원대 교내로 다시 돌아와 벌레를 잡아먹으며 사는 모습을 보고 싶다."는 그의 작은 바람이 꼭 이루어져 우리 고장은 물론 전국 각지에서 황새를 쉽게 볼 수 있었으면 좋겠다.

(2017.)

갈대와 억새

온 산하를 붉게 물들이던 단풍의 축제가 끝날 무렵, 쓸쓸한 늦가을의 정취를 한껏 느낄 수 있는 것은 파란하늘을 이고 바람결에 몸을 맡기는 갈대와 억새의 무리일 것이다. 수수하고 소박하며 연약해 보이나 알 수 없는 끌림으로 사람의 마음을 사로잡아 사유(思惟)를 깊게 하는 매력이 있기 때문이다.

올 가을 여행의 백미(白眉)는 셀 수도 없이 많이 모여 사는 갈대와의 만남이었다. 그것들이 땅에 뿌리를 박고 선 식물의 개체들이기보다는 어마어마하게 모여든 군중의 모습으로 다가온 것은 왜일까.

갈대를 마주하면 사람을 연상하는 것은 물리학사요 수학자였던 파스칼이 그의 저서 〈팡세〉에서 '인간은 생각하는 갈대'라고 유명한 말을 남겼기 때문일까? 아니면 셰익스피어가 '여자의 마음은 갈대'라고 일갈한데서 비롯된 것일까. 아무튼 갈대와 억새 앞에서 나는 남자와 여자를 연상하며 인간의 비애 같은 걸 느끼게 된다.

동양일보 길여행으로 찾게 된 곳은 충남 서천의 신성리 갈대밭이었다. 전남 순천만 갈대밭, 해남의 고천암호 갈대밭, 경기의 시화호 갈대밭과 함께 우리나라 4대 갈대밭으로 자처하는 이름 난 곳이다. 지난해 다녀온 순천만 갈대밭을 떠올려 되새김질하며 상상의 나래를 펼쳤지만 막상 도착하여 맞닥뜨린 신성리 갈대밭은 또 다른 새로운 풍경을 안겨준다.

갈대밭은 충남 서천과 전북 군산의 경계로 금강하구에 위치해 있다. 그 면적이 198,000㎡로 약 6만여 평에 이른다. 주차장에 내렸을 때는 갈대숲이 있을 것 같지도 않은 분위기더니 금강 하구둑에 올라서니 가물가물하리만치 넓게 펼쳐진 갈대 무리가 장관을 이룬다. 누런 갈색으로 무르익어 몸을 말리는 갈대들이 구수한 커피냄새라도 풍길 것만 같다.

잘 닦아놓은 데크 길을 건너 갈대밭으로 접어드니 키가 사람의 키를 훌쩍 넘는다. 숨바꼭질하기 좋을 것만 같은 동심이 발동한다. 큰 것은 3m에 이른다고 하니 갈대밭 속에서 사람은 파묻혀 보이질 않는다. 순천만에서 본 갈대 키의 두 배는 되지 싶다. 그런데 또 신기한 것은 갈대 속에 억새가 섞여 함께 살고 있다. 갈대는 물이 있는 습지에서 자라지만 억새는 척박하고 건조한 산이나 비탈에서 주로 자라는데 비하여 여기에 섞여 자라는 것들은 '물억새'

라는 또 다른 이름을 가지고 있었다.

갈대밭은 여러 갈래로 가는 이정표로 가고 싶은 길을 안내한다. 갈대 기행길, 영화테마길, 갈대문학길, 솟대소망길, 강변산책길, 신성리 나루 등 입맛에 맞게 걸을 수 있는 재미를 제공한다. 영화테마길이 말해주듯이 이곳은 〈공동경비구역 JSA〉〈추노〉〈미안하다 사랑한다〉 등의 영화촬영지로 유명한 곳이기도 하니 그 아름다운 풍광을 짐작할 만하다.

강변산책길로 나가니 비단 폭을 펼쳐 놓은 듯 금강의 푸른 물결이 햇빛에 부서진다. 파란 하늘과 푸른 강물과 갈대밭이 어우러져 시선을 사로잡고 놓아주지 않는다. 가슴속이 확 트이는 시원함에 일상의 잡다한 상념들을 모두 날려 보낸다.

강변의 갈대들은 바람에 서걱이며 서로 몸을 부비어 그들만의 내밀한 언어로 대화하고 있다. '바람에 날리는 갈대와 같이 항상 변하는 여자의 마음'이라는 노래 가사는 영 마땅치 않다. 갈대 하나는 쉽게 꺾어지는 가늘고 긴 속빈 대궁에 불과하지만 그들은 서로가 시린 몸을 기댄 채 웬만한 바람에도 끄떡없다. 항거하는 군인들처럼 스크럼을 짜고 동지로서 빽빽하게 들어서 있기에 누구도 그 틈을 비집고 들어갈 수 없을 만치 밀착되어 있다. 갈대는 빈약하고, 가볍고 , 연약하고, 항상 변하는 지조 없는 이미지로 표현된 것은 아주 큰 오류인 것이다. 혼자 서있을 때는 쉽게 꺾일지 모르지만 그들은 늘 함께 뭉쳐서 서로를 받쳐 주기에 꺾이지 않고 그들의 영역을 확장해 나간다는 것을 확인할 수 있었다.

갈대밭에는 갈대만 있는 게 아니라 많은 것을 품고 있다. 갈대밭 주변과 금강에는 철새 도래지로 좋은 환경을 갖추고 있어 가을이면 고니류와 청둥오리, 기러기, 검은머리물떼새 같은 철새 40여 종 60만여 마리가 날아든다고 한다.

그뿐 아니라 갈대 뿌리나 줄기에 붙어 있는 각종 미생물의 수질 정화 능력이 뛰어나 더욱 갈대의 중요성이 대두되고 있다. 최근에는 갈대가 심겨진 인공 섬을 물 위에 띄워 오염물질을 제거하고자 하는 시도도 이뤄지고 있단다. 갈대는 단순한 식물자원으로서의 가치를 넘어 건전한 생태계를 구성하는 중요한 요소이다.

봄철의 여린 연둣빛 갈대밭, 여름의 청록 빛 싱그러움, 겨울이면 마른 갈대 위에 얹히는 순백의 눈송이들이 한 폭의 동양화를 그리고, 철새들의 군무가 한창일 것을 상상해보니 어느 계절인들 아름답지 않겠는가.

'생각하는 갈대'인 인간의 생각이 갈대처럼만 서로에게 힘이 되는 현명한 갈대이기를 소원해 본다.

(2015.)

아름다운 마무리

오늘 미사에는 신부님의 제의(祭衣)가 진한 보라색이다. 제대에 켜 놓은 초들도 모두 진한 보라색이라 어느 때 보다도 성당 안은 신비스럽고 엄숙하다. 마침 나도 보라색 코트를 입고 갔으니 우연의 일치다. 마음이 차분하게 가라앉는다.

어느새 대림 넷째 주다. 대림환의 진한 보라색 초를 켠 일이 며칠 안 된 것 같은데 연보라색, 분홍색, 초가 차례로 켜졌고 오늘 마지막 흰색 초를 켰으니 그 새 한 달이 가깝다. 이제 다음 주면 예수님의 탄생일인 성탄절이 다가온다. 4주 동안 예수 그리스도의 탄생을 성스럽게 맞이하기 위해 마음의 준비를 하고 예수님의 재림을 기다리는 기간이다.

대림절은 3~4세기 갈리아와 스페인 지역에서 시작하여 6세기에 이르러 로마 교회의 교회력에 포함되었다. 중세에는 고행, 금식, 금욕이 주된 내용이었으나, 종교 개혁 이후 근대에 이르러 기쁨의 절기라는 본래의 의미를 되찾았다.

한 해 동안 무언가를 채우기 위해 바쁘게 뛰었다면 이제 다시 지나온 길을 돌아보며 마음을 비우고, 내 마음의 중심에 그리스도의 빈 의자를 준비해 그분을 맞을 수 있는 시간으로 삼아야 제대로 보내는 대림절이요, 한 해를 마무리하고 기쁘게 성탄을 맞이하는 마음의 자세일 것이다

내 삶을 되돌아보고 잘못된 점을 성찰해 본다. 고행과 희생의 길을 걸으신 예수님의 행적을 다시 음미해 보고, 고백성사로 죄를 보속받고, 정결한 마음이 되어 성탄절을 기쁘게 맞이할 준비를 서두른다.

사치와 낭비를 경계하고, 절제를 실천하며 불평 불만하지 말아야 한다. 작은 일에도 감사하며 가족과 이웃에게 어떤 사랑을 실천했는가 깊이 묵상해 본다. 일 년 중 이 시기는 경거망동하지 않고 가장 신중하며 나 자신을 깊이 들여다보고 마음을 깨끗하게 청소하는 기간이다.

오늘 우리 성당 신자 모두는 신부님으로부터 가느다란 끈으로 만든 팔찌 하나씩을 선물 받았다. 그것을 똑같이 왼쪽 손목에 찼다. 어디서건 불평불만이나 남을 험담하는 말을 했을 때는 그 팔찌를 빼서 오른 손에 옮겨 차고 반성하라는 것이다. 그리고 충분히 반성했을 때 다시 왼쪽팔의 제자리로 돌아올 수 있는 것이다.

불평불만이 많은 사람은 결코 행복하지 않다. 남과 나를 비교하고 남이 잘 되면 시기하다 보니 그 마음에는 평화가 깃들지 못한다. 남이 잘 되면 진심으로 기뻐해 줄 수 있는 사람은 행복하다. 그러나 사촌이 땅을 사면 배가 아픈 것이 인지상정임을 부인하지 못한다.

사람은 누구나 결점이 있다. 완벽하지 않기에 사람인 것이다. 그러나 "어찌하여 네 형제의 눈 속에 있는 작은 티는 보면서, 네 눈 속에 있는 나무토막은 보지 못하느냐."하신 것처럼 사람은 남의 잘잘못을 비판하는 데는 무척 총명하지만 자기비판에는 어둡기 마련이어서 남의 잘못은 꾸짖고 자기의 잘못은 너그럽게 용서한다. 한 해 동안 남을 평가하고 단죄하며 더럽혀진 마음을 뒤집어 털고 헹구어 낸다.

칭찬의 말도 쉽지는 않았다. 진심이 담기지 않은 칭찬의 말, 칭찬으로 얻게 될 이득을 계산하면 아부가 된다. 계산하지 말고 진심을 담아 칭찬해야 진정한 칭찬이 된다. 상대방을 비판적인 눈으로 바라보기보다 긍정적인 눈으로 바라보고 좋은 점을 발견하는 버릇을 길러야 진정한 칭찬도 할 수 있는 것이다. 칭찬에 인색했고 남의 잘못은 잘도 집어내는 어리석음을 후회하며 이제 남의 좋은 점만 찾아내는 혜안을 갖자고 결심해 본다.

말이 온 나라를 뒤흔드는 혼돈의 시대다. 입 가진 사람은 다 자기주장을 쏟아내어 비판하고 단죄하니 어느 것이 진실한 말인지조차 가려내기 어렵다. 다들 차분히 마음을 가라앉히고 어느 것이 옳고, 어느 것이 그른가를 냉철하게 판단하기 위하여 침묵과 묵상이 절실하게 필요한 때가 바로 지금이 아닐까.

우리는 나 하나의 개체이면서 또한 다른 사람과 연결되어 있다. 어머니가 행복해야 가족들이 행복하며 자식들이 행복해야 부모도 행복한 것처럼 서로가 연결되어 있다는 생각을 하면 분리되고 분열된다는 사실 하나만으로 불행해질 수밖에 없다.

우리 아파트 앞에 성탄 트리가 세워져 아름답게 빛난다. 이제 아름답게 마무리할 시간이다. 마무리를 잘하면 결과는 좋은 게 아닐까. 우리 모두의 평화와 행복을 염원하는 소박한 소망이 헛되지 않기를 빌어 본다.

(2014.)

누름돌

여행길에 저녁때가 되어 어느 식당에 들렀다. 청국장이 맛있기로 이름난 집이라며 스님이 권했다. 소박한 시골길을 따라 한참을 달려 그리 크지 않은 식당에 다다랐다. 차에서 내리니 아담하게 가꾼 화단에 다홍색의 백일홍과 주먹봉숭아꽃이 우리를 반겨 맞는다. 해가 뉘엿뉘엿 넘어가는 서쪽하늘에 노을이 펼쳐지고 아련하게 피어나는 청국장 냄새가 고향집에 온 듯한 푸근함과 향수를 자아낸다.

식당 주인은 스님을 반갑게 맞아들이고 나와 동행한 두 사람은 처음 들른 식당주변을 둘러보느라 두리번거린다. 마침 수돗가에서 여인들 둘이 갓 절여낸 배추를 씻고 있다. 그런데 내 눈에 들어온 건 한 옆에 건져 놓은 어린애 머리통만한 돌덩이 3개였다. 배추를 절일 때 눌러 놓았던 누름돌이다.

한 개는 회색빛에 희끄무레하게 흰줄이 몇 개 그어져 있고, 또 한 개는 흰 피부의 차돌로 약간의 누르스름한 색깔을 띠고 있다. 그보다는 거무스름한 쑥돌에 흰 문양이 있는 돌이 내 관심을 끌었다. 돌을 한 바퀴 휙 돌려놓으니 다람쥐 한 마리가 먹이를 발견하고 막 한 발짝을 내딛고 앞으로 돌진하려는 자세다. 꼬리를 길게 늘어뜨린 모습이며 살이 통통하게 오른 영락없는 가을 다람쥐다. 동행인들도 그렇다고 맞장구를 치는데 먼저 식당으로 들어가신 스님이 뭣들 하시느냐며 어서 들어오라고 채근한다. 염불에는 맘이 없고 잿밥에만 맘이 있다는 말이 있는데, 나는 식사는 여벌이요 돌이나 더 들여다보고 싶은 것이 솔직한 내 심정이다.

저녁을 먹으며 내 머릿속은 온통 방금 보고 온 돌로 가득했다. 좌대를 깎아 내 집 거실에 떡 앉혀 놓은 모습을 상상하다가 그 얘기를 했더니 스님은 얻어줄까 물어온다. 하지만 나는 아니라고 도리질을 했다. 스님께 미안하기도 했고, 그 돌을 집에까지 가지고 가려면 어떻게 추단한단 말인가. 내 욕심이 드러난 것 같아 돌 얘기를 접었지만 그 돌이 지금까지도 자꾸만 눈에 밟힌다. 그것이 지금은 누름돌로 쓰이지만 그 집 주인 남자는 어느 강가에서 그 돌에 반하여 낑낑 지고 왔을 것이다. 수석에 관심이 있는 사람임이 분명했다. 좌대에 놓일 만큼 대접을 받진 못했지만 누름돌로 요긴하게 쓰이고 있으니 나무랄 일은 아니다.

우리 집 앞베란다에도 누름돌이 3개 있다. 어머니가 돌아가시고 삼우제를 지낸 다음, 어느 하루 날을 잡아 형제들이 모여 혼자 사시던 어머니의 살림을 정리했다. 살림이라야 간단했다. 버리고 또 버려 기본적인 살림가재와 옷가지가 전부였다. 쓸 만한 것은 형제들이 희망에 따라 들고 갔고 나는 어머니가 쓰시던 큰 알의 묵주와 누름돌 두 개를 들고 왔다. 어머니가 젊을 때부터 쓰시던 누름돌이다. 충주에서 청주로 이사 오시면서 가재도구의 대부분을 버리셨지만 그 돌멩이는 챙겨 오셔서 앞베란다 구석에 놓고 쓰셨다.

어느 해 어머니가 교통사고로 고관절이 부러지면서 병원에서 8개월을 지내셨다. 집에 돌아오시자 거동이 불편하면서도 늘 하던 대로 오이지를 담고 싶다며 내 손을 빌리자고 하셨다. 오이 스무 개를 사오라, 소금은 얼마를 넣어라, 베란다에 놓여있는 누름돌을 끓는 물에 소독하여 꼭꼭 눌러라. 내가 미덥지 않으신지 일일이 지시를 하셨다. 어머니의 누름돌은 마찍한 회색빛 타원형에 한쪽에 흰 점이 박힌 것 한 개, 흰색 동글납작한 차돌 한 개였다. 어머니는 누름돌을 오이 위에 균형을 맞춰 잘 눌러놓아야지 그렇지 않으면 돌이 곤두박질치고 오이는 위로 떠올라서 무르게 된다는 말씀을 잊지 않으셨다. 오이뿐인가 철철이 마늘종, 무장아찌, 동치미에 넣을 지고추를 눌러 담던 어머니께 누름돌은 요긴하게 쓰이는 살림 도구였다.

나도 어느 해 화양동에 갔다가 강가에서 주워 온 검은 색 동글

동글한 누름돌 한 개를 가지고 있었는데 어머니의 유품인 두 개를 보태어 탑처럼 쌓아 놓았더니 보기도 좋았다. 가끔 나는 누름돌을 쓰다듬으며 어머니를 추억한다.

"얘, 살림하는 여자는 손끝이 야물어야지. 뭐든지 데면데면 해서는 못 써."

어머니의 자분자분 나직한 목소리가 들리는 듯하다.

내가 자랄 때 부모님은 나의 누름돌이었다. 일찍 일어나라, 밤늦게 다니지 마라, 밥은 나가서 먹게 되더라도 잠은 나가서 자서는 안 된다, 여자는 밖으로 나돌아서는 안 된다 등등 끝없이 이어지던 그 말씀들을 잔소리라고만 생각했었는데 지금 생각하니 그 말씀 한마디 한마디가 나를 꼭꼭 눌러 안으로 다지게 하는 누름돌이었던 것이다. 가당치도 않게 부풀어 오르던 욕망을 잠재우고 감당하기 어려운 욕심을 자제하라고 꾸짖고 지적하시던 부모님의 그 잔소리를 이제는 다시 듣고 싶다. 간절하도록.

결혼을 하고는 남편이 나의 누름돌이었다. 하고 싶은 것도 많고, 갖고 싶은 것도 많던 나의 허영기를 잠재우는 데는 남편의 잔소리가 약이었다. '중용지도(中庸之道)를 잊지 말라.' '사람은 겸손해야지 존경을 받는다.' '역지사지(易地思之)를 생각하라.' 다 옳은 말인데도 그때는 고루하고 답답한 사람이라고 내 멋대로 치부해 놓고 미워한 적도 많았다. 하지만 그 사람이 아니었으면 나는 풍선처럼 부풀어 올라 둥둥 떠다니는 허깨비 같은 인생을 살았을

지도 모른다. 이제 다시는 들을 수 없는 그의 잔소리지만 지금 다시 들을 수만 있다면 음악소리보다도 더 감미로울 것 같다.

내 욕망과 허영기를 잠재우던 누름돌들이 이 세상에 존재하지 않으니 나는 한없이 외롭다. 하지만 저 누름돌이 있지 않은가. 이제 나 스스로 나를 다스려 꼭꼭 누르고 여미며 살아가야 한다. 저 3개의 누름돌이 있는 한 나는 결코 가볍게 떠오르지 않겠다고 야물게 다짐 또 다짐한다.

(2014.)

내 삶에 지팡이가 되어준 문학

초등 3학년 때, 거나하게 취하신 아버지 손에 들려온 〈아름다운 전설〉책은 내 마음에 파문을 일으켰다. 은혜를 갚기 위해 머리로 상원사 종을 치고 죽은 까치이야기는 지금도 선명하다. 교과서밖에 모르던 내게 그림까지 곁들인 그 책은 보물이었고 최초의 내 독서였다. 읽고 또 읽어 달달 외웠다.

어머니는 옛날 책 〈박씨전〉을 외웠고, 나는 전설 한 줄거리를 외우던 어느 날의 풍경이 흐뭇한 추억으로 남아있다. 책이라는 다른 세상이 있고, 그것이 얼마나 재미있는지 알게 되었다. 반 친구 황모에게 그 책을 빌려주었는데 미처 돌려받지 못하고 6·25가 났으니 너무나 아깝고 아쉬워서 오래도록 눈에 밟혔다.

아버지는 종종 책을 사다 주셨는데 중학교 2학년 때 무슨 생각으로 정비석의 연애소설 〈산유화〉를 사다 주셨는지 지금도 궁금하다. 그 책은 사춘기의 내 감성을 흔들어 깨웠고, 우리 반 친구들이 돌려 읽어 나달나달해졌다.

5학년 작문 시간에 〈12월은 이별의 달〉이라는 동시를 써서 칭찬을 받았고 선생님은 게시판에 걸어주시더니 교지에 그 글이 실렸을 때 무척 기쁘고 자랑스러워 글 쓰는 게 좋아졌다. 그것이 최초의 내 문학의 씨앗이지 싶다.

아버지는 머리맡에 노트를 두고 늘 시(詩)를 쓰셨다. 시라기 보다는 유행가 가락이었다. 칠순 잔치 때 당신이 쓰신 시들을 복사하여 우리 6남매에게 한 봉투씩 나누어 주셨다. 내가 문학에 눈뜬 것도 아버지의 감성을 닮았고 아버지가 가끔 사다주시는 책들이 내 문학의 토양이 되었다.

열아홉 살에 첫 발령을 받고 시골 작은 학교에 근무했다. 처음 집을 떠나 객지의 하숙방에서 많이 외로웠다. 엄습해오는 외로움을 달래기 위해 밤이면 호롱불 밑에서 닥치는 대로 책을 읽었다. 그리고 각지로 흩어진 친구들에게 편지를 쓰며 인생을 배워갔다.

나는 어쩌면 늘 외로운 아이였다. 내가 네 살 때 해방이 되었고 객지에서 고생하며 사시던 부모님을 돕고, 어린 내게 쌀밥을 먹여야 한다며 외할머니는 나를 데려다 키우셨다. 어린 나이에 부모님을 떠나 시골에서 살면서 어머니를 많이 그리워하며 컸다. 그때 내가 겪은 시골생활이 자연과 밀착하고 교감하며 산 가장 순수하고 아름다운 시간이었다. 외갓집 동네 토끼미가 내 마음의 본향이며 내 정서의 뿌리라고 생각된다.

중앙일보에 〈운동회 유감〉이라는 내 글이 실렸을 때, 여성동아에 〈보랏빛 먼 하늘〉이라는 수필이 실리면서 글쓰기에 눈을 떠갔지만 아무도 문학의 길로 인도해 주는 사람이 없었다. 직장생활에 시달리고 결혼과 육아에 골몰하다보니 글 쓸 새도 없었지만 글짓기 반을 맡아 열심히 가르치며 마음은 늘 문학을 열망하며 살았다.

1984년 마흔셋의 나이에 대한교련과 KBS에서 공동주최한 '제1회 사도 실천기'에 응모하여 670편의 응모작 중에 당선되어 상금 200만 원을 받는 영예를 안았다. 그 돈은 충북교육청에 기탁하였는데 본의 아니게 내 이름을 딴 '박영자장학금'으로 수년 동안 가난한 아이의 중학교 입학금으로 쓰였다. 글을 쓴 큰 보람이었다. 하지만 그때까지도 본격적인 문학의 길은 알지 못했다.

1984년 충북수필문학회가 창립되면서 문학 활동을 시작하였고 한국수필가협회 사무국에서 송도 선생님과 이숙 선생님이 우리문학회에 참여하셨고 등단을 권유했지만 자신이 없어 미루기만 하였다.

어느 날 중앙일보 지면에서 서정범 선생님의 수필 강의 기사를 보고 용기를 냈다. 교장 교감의 특별 배려로 오후 4시면 학교를 나와 서울행 버스를 탔고 간신히 강의 시간을 대곤 했다. 두 시간 강의를 듣고 청주로 내려오면 밤 12시였다. 이렇게 몇 달을 버티

다가 과로로 병이 났으니 그것도 접어야 했다. 안타깝게 여기신서 교수님의 권유로 우편으로 보낸 내 글을 첨삭하여 보내주시는 수고를 마다하지 않으셨다. 지금 생각하면 참으로 고맙고 감사하다. 그 바쁘신 틈에 하찮은 내 글을 읽어 주신 그 사랑 너무 커서 감읍할 따름이다. 가끔 첨삭된 그 원고들을 꺼내보면 눈물이 난다. 이것이 내가 누구에게 문학을 배워본 짧고도 짧은 내 이력이다. 그래서 내 문학의 스승은 서정범 선생님 한 분뿐이다.

1990년 마흔아홉에서야 〈한국수필〉로 등단하게 되었다. 그동안 주로 서정수필을 썼다. 문학에 대한 어떤 전문적인 지식도 없이 그저 삶의 희로애락을 서투른 필력으로 그려 왔을 뿐이다. 남을 의식하거나 이름을 얻기보다는 내 외로움을 풀어내는 하나의 방편이었다고 해야 하리라. 삶에서 느끼는 인간애, 따뜻한 사랑과 정(情), 그리고 세상의 아름다움(美)을 찾아내고 추구하는 글을 써왔다.

정직한 글을 쓰고자 했고, 누구나 알아들을 수 있는 쉽게 읽히는 글을 쓰려고 노력했다. 잘 쓰는 사람을 흉내 내려 하지 않았고 나만의 색깔로 쓰려고 했다. 내 문학의 성적표는 세 권의 수필집과 한 권의 칼럼집으로 남았지만 대어를 낚지는 못했다. 나는 커다란 결과물보다는 수필을 잘 써 보겠다고 노력한 그 과정이 힘들었지만 지금 와서 보면 참으로 행복한 순간들이었다.

청주시에서 운영하는 1인 1책 강사로 11년을 시민들에게 글쓰기를 가르쳤고 책을 만들어낸 사람이 100여 명이니 그것도 문학의 큰 보람이었다.

동양일보 〈풍향계〉에 7년 동안 칼럼을 연재하면서 결코 쉽지 않았으나 글쓰기를 멈추지 않은 하나의 빌미가 되었지 싶다. 지면을 할애해 준 이에게 감사하다.

커다란 돌덩이를 조금씩 쪼아내고 갈고 다듬어서 하나의 조각품을 만들 듯이 끊임없이 나를 갈고 닦는 인생 공부였다. 수필이라는 동반자가 늘 동행해 주었기에 쓰러지려는 나를 일으키고 지탱해준 지팡이 같은 도반이었다.

이거다 하는 명작을 내지는 못했지만 늘 세상을 향하여 낚시를 드리우고 글감 찾기에 고심한다. 내가 쓴 책들이 내 인생의 진솔한 기록이고 결산서이기에 수필과 함께한 내 선택은 잘한 일이었다고 자부한다. 다만 좀 더 많은 책을 읽지 못한 것과 좀 더 치열하게 쓰지 못한 것을 후회할 뿐이다.

남은 인생도 문학과 함께 할 것이며 유유자적 책 읽고 글쓰며 마음닦기에 노력할 것이다.

(2019.)

나비,
나비 나비

박 영 자 수 필 집

나비,
나비 나비